电子竞技运动与管理专业系列教材

电子竞技品牌管理

○ 常方圆　主编

朱沁沁　赵文蕾　副主编
周凌翔　主审

·上海·

内 容 简 介

随着网络平台的兴起和受众娱乐化的广泛需求,电子竞技受到了越来越多年轻人的喜爱,在电子竞技选手获得了大量人气和粉丝支持的同时,电子竞技的历史背景和品牌文化也受到了广泛的关注。

本书系统地介绍了电竞品牌的基础知识,并通过大量的实际案例分析电竞品牌的构建与管理过程。全书共分为5个模块,主要内容包括:电竞品牌认知、电竞品牌的管理、电竞品牌的视觉识别与语言管理、电竞品牌的营销与传播、电竞品牌的体育化与娱乐化。

本书既可作为应用型本科院校、高等职业院校电子竞技运动与管理专业及体育类专业的课程教材,也可作为电竞爱好者和相关行业从业人员的参考用书。

图书在版编目(CIP)数据

电子竞技品牌管理 / 常方圆主编. -- 上海:同济大学出版社,2022.10
ISBN 978-7-5765-0480-4

Ⅰ.①电… Ⅱ.①常… Ⅲ.①电子游戏-运动竞赛-品牌-企业管理 Ⅳ.①G898.3

中国版本图书馆 CIP 数据核字(2022)第 223775 号

电子竞技运动与管理专业系列教材

电子竞技品牌管理

主编 常方圆　副主编 朱沁沁　赵文蕾　主审 周凌翔
责任编辑 杨艳　助理编辑 郭紫月　责任校对 徐春莲　封面设计 杨晓文

出版发行	同济大学出版社　www.tongjipress.com.cn	
	(地址:上海市四平路 1239 号　邮编:200092　电话:021-65985622)	
经　销	全国各地新华书店	
印　刷	上海安枫印务有限公司	
开　本	710 mm×1000 mm　1/16	
印　张	8.25	
字　数	165 000	
版　次	2022 年 10 月第 1 版	
印　次	2022 年 10 月第 1 次印刷	
书　号	ISBN 978-7-5765-0480-4	
定　价	46.00 元	

本书若有印装质量问题,请向本社发行部调换　　版权所有　侵权必究

前　言

本书立项于 2020 年秋，交稿于 2022 年秋。在本书编写的过程中，我始终抱持着惶恐的心态，几易其稿。本书涉及电子竞技与品牌管理的交叉领域，该方向的专业教材在图书市场上几乎没有，我在写作过程中不断打磨修改文本与结构，最终从电竞与品牌的定义入手，从品牌定位角度出发，利用品牌视觉识别系统、语言管理等细节建构落地的品牌管理系统。本书从营销与传播的特殊性出发，讲述电竞品牌在内容化、跨界化的前提下如何在用户社区与垂直媒介中传播、依靠意见领袖与关键用户传播及模因传播，从实践层面对于电竞的内容整合营销进行了描述，并在最后一个模块从电竞品牌的体育化与娱乐化找寻电竞品牌发展的趋势与目前的品牌底色。同时，本书加入了任务环节与"岗课赛证"联动环节。

本书编写历时三年，伴随着我校电子竞技运动与管理专业的建立与成长，也恰巧与本人的人生转折与颈椎病撞个满怀，几乎每个字都是凌晨写就。在书稿的撰写过程中，我得到了诸多专家学者的热心指导和大力支持，此外还参考和引用了许多专家的学术观点与相关文献，在此一并表示衷心的感谢。行业在不断发展，本书的内容也要不断完善和更新，望各位读者给予我更多建议与指正。再次感谢为本书的出版努力付出的所有同仁。

常方圆

2022 年 10 月于上海

目录

前言

模块 1　电竞品牌认知 … 1
1.1　品牌管理 … 2
1.2　电竞品牌管理 … 7
1.3　学习任务：电竞品牌调查 … 23
1.4　练习与思考 … 25

模块 2　电竞品牌的管理 … 27
2.1　电竞品牌价值 … 28
2.2　电竞品牌定位 … 32
2.3　品牌定位工具 … 36
2.4　学习任务：电竞品牌策划 … 39
2.5　练习与思考 … 40

模块 3　电竞品牌的视觉识别与语言管理 … 41
3.1　品牌的视觉识别系统 … 42
3.2　电竞品牌的语言管理 … 65
3.3　学习任务：电竞品牌构建 … 72
3.4　练习与思考 … 74

模块 4　电竞品牌的营销与传播　75
4.1　电竞品牌营销的特殊性　76
4.2　电竞品牌的传播特殊性　82
4.3　电竞品牌营销方式　88
4.4　学习任务：电竞整合营销策划　98
4.5　练习与思考　99

模块 5　电竞品牌的体育化与娱乐化　101
5.1　电竞的体育化　102
5.2　体育竞技的商业化　102
5.3　电子竞技的商业化与品牌化　108
5.4　电子竞技与体育竞技、泛娱乐的竞争与融合　115
5.5　学习任务：电竞体育化与娱乐化的市场调研　121
5.6　练习与思考　122

参考文献　123

模块 1
电竞品牌认知

知识目标

（1）理解品牌管理的定义，能够熟知并理解电竞品牌管理的对象与主要理论。

（2）熟悉电竞管理的特殊性，理解电竞品牌管理的特征，理解互联网时代的即时化生活方式、社交化参与方式对于电竞品牌构建的影响及在品牌管理实施中的要点。

1.1 品牌管理

1.1.1 品牌的定义

品牌的英文单词 brand，源自古挪威文 brandr，意思是"烧灼"。人们用这种方式来标记家畜等需要与其他人相区别的私有财产。到了中世纪的欧洲，手工艺匠人用这种打烙印的方法在自己的手工艺品上烙下标记以便顾客识别产品的产地和生产者。这就产生了最初的商标，并以此为消费者提供担保，同时向生产者提供法律保护。16 世纪早期，蒸馏威士忌酒的生产商将威士忌装入烙有生产者名字的木桶中，以防不法商人偷梁换柱。到了 1835 年，苏格兰的酿酒者使用了"Old Smuggler"这一品牌，以维护采用特殊蒸馏程序酿制的酒的质量声誉。

大卫·奥格威（David Ogilvy）对品牌的定义如下："品牌是一种错综复杂的象征——它是产品属性、名称、包装、价格、历史声誉、广告方式的无形组合，品牌同时也因消费者对其使用的印象以及自身的经验而有所界定。"

品牌形象论（brand image）是大卫·奥格威在 20 世纪 60 年代中期提出的创意观念。品牌形象论是广告创意策略理论中的一个重要流派。在此策略理论影响下，出现了大量优秀的、成功的广告。大卫·奥格威认为品牌形象不是产品固有的，而是消费者联系产品的质量、价格、历史等因素形成的，品牌形象论认为每一则广告都应是对整个品牌的长期投资。因此每一品牌、每一产品都应发展和投射一个形象。形象经由各种不同推广技术，特别是广告，传达给消费者。消费者购买的不只是产品的实体，还包括产品的核心利益，即向消费者提供的产品基本效用和利益。而这在购买决策中往往比产品实际拥有的物质上的属性更为重要。

奥格威说："我们认为，每一个品牌都是一个产品，但不是所有的产品都是品牌。"他更是在书中阐述："靠打折促销建立不起无法摧毁的形象，而只有无法摧毁的形象才能使你的品牌成为人们生活的一部分。"

美国市场营销协会给品牌的定义为：品牌是一种名称、术语、图案、符号或其他任何功能，可识别一个卖家的商品或服务，以此和其竞争者的商品或服务区分开来。品牌时常用于商业、营销和广告中以进行识别，最为重要的是为所标识的对象创造和存储作为品牌资产的价值，从而使品牌客户、品牌所有者和股东获得不同的收益。

如上所述，品牌可以是一个名字，也可以是一个图案、符号，更可以是一个术语。例如，耐克（Nike）是一个品牌，作为耐克的标识，对勾图案也是它的品牌构成部分。更有些品牌通过"品牌即品类"的认知灌输，使得消费者将品牌与商品彻底地统一起来，令功效与品牌无法分割。例如过去20多年在我国老年消费者中风靡的脑白金，还有2021年无论在金融界还是消费界都引发了无数话题的茅台酒，茅台酒一直以来给消费者的品牌印象是高端奢侈白酒，即使网络上有"酱香科技"的调侃形容，这种特异性所带有的符号意味也一直彰显着"茅台就是茅台，与其他白酒浑然不同"。

品牌作为一个公司所拥有的资产，其附加在商品上的价值是足以变现的。商品就是依靠品牌的识别拥有了远远高于其他同类商品的利润，也就是所谓的"品牌附加值"。品牌不仅能帮助消费者记住某种商品，更可以驱动消费者购买商品本身及附加的心理利益。

1.1.2 品牌管理的定义

《沃顿商学院品牌课》一书是品牌管理的经典著作。该书从品牌延伸、品牌授权和品牌架构三方面拆解品牌管理的步骤与方式，认为品牌作为一种资产是需要管理的，而品牌管理所管理的是品牌与消费者之间的关系。该书认为品牌应给消费者在消费或拥有该品牌商品的同时带来一种类似认知上的愉悦，甚至是一种类似"宗教"的感受，而营造这种感受的过程就是品牌管理。作者芭芭拉·卡恩（Barbara E. Kahn）甚至认为："苹果公司创始人史蒂夫·乔布斯将消费者对于品牌的钟爱发挥到了极致，在他去世的时候，消费者们自愿地把鲜花摆放到苹果专卖店里，并以这种方式表达他们对这个传奇人物的悼念。苹果专卖店是人们悼念乔布斯的最好祭坛，所以品牌甚至为消费者提供了一种类似宗教的体验。"

近年来，年轻的消费者不再把过度的品牌认同当作消费的异化，而更多的是将消费看成一种平等的交换，甚至是彰显内涵与品味的方式。正如让·鲍德里亚（Jean Baudrillard）在《消费社会》一书中的阐释，大部分消费者不再着重于基本的需求，而是"消费"人与物之间的关系。当消费的不是商品或服务的使用价值之时，消费者所乐意购买的就是商品的符号象征意义。在电子竞技领域的品牌管理实践中，参与商业流通的商品很多时候不是实物，那么通过品牌管理传达符号象征意义或者是人与品牌之间的关系就显得尤为重要。

互联网兴起的这些年来，年轻消费者更乐于通过网络获取品牌相关的内容，购买含有符号象征意义的品牌，并乐意将大大的字符穿在身上，或是在社交网络中毫不掩饰地展现对品牌符号的热爱。这在过去会被认为是"粗鲁"与"过于高调"的行为。通过这样广泛甚至可以说泛滥化的符号传播，网络社交平台上处处都有流行品牌的踪影。这样的品牌管理趋势对品牌的定位与传播都提出了新的要求和标准：通过品牌管理构建品牌与消费者之间的关系，而从符号入手的品牌"宗教化"与互联网传播成为品牌管理的新趋势。

1.1.3　品牌管理的对象

杰克·特劳特（Jack Trout）在其著作《定位》中提及："任何在顾客心智中没有位置的品牌，终将从现实中消失，而品牌的消失则直接意味着品牌背后组织的消失。"正是这种浪潮般的力量，迫使企业在品牌整体影响力的提升领域必须投注精力，通过品牌管理提升品牌影响力。

《沃顿商学院品牌课》一书阐述了品牌管理试图影响客户在购买过程中的决策。为了影响这些决策，品牌管理需要做出正确的市场定位、提供合适的品牌体验，并在此基础上对品牌的价值进行定性测量、量化评估；构建战略体系；对品牌进行有效的传播。该书还提出了"品牌管理从产品导向到客户导向的变迁"的品牌管理导向。

总的来说，如表1-1所示，品牌管理的对象是品牌这个无形的"资产"，管理的目标则是使品牌保持对消费者的正向影响，继而持续获得利润，甚至是获得更多利润。品牌管理的意义化对象可以是企业的定位、产品的定位，或是品牌的核心价值、品牌的调性；品牌管理的符号化对象可以是标识、产品名称、口号；品牌管理的传播对象则是线上线下的品牌传播的策略、内容、传播方式与更进一步的危机管理等。

表1-1　品牌管理的对象

对象	领域
意义化对象	企业定位、产品定位、品牌的核心价值、品牌调性
符号化对象	标识、产品名称、口号
传播对象	品牌传播的策略、内容、传播方式、危机管理

1.1.4　品牌管理的主要理论

1. 定位论

特劳特在《定位》一书中阐释，知识社会带来的信息爆炸，使得本来极其有限的顾客心智更加拥挤。任何在顾客心智中没有位置的品牌，终将从现实中消失。从传播的角度对品牌的传播进行论述，特劳特解释说，选择"定位"一词来命名这一新工具，是由于"《韦氏词典》对战略的定义是针对敌人（竞争对手）确立最具优势的位置，这正好是定位要做的工作"。从特劳特的角度来说，品牌通过"定位"的极大差异化占领顾客心智中的位置，从而使其在顾客的选择中胜出。

特劳特更是将这种品牌管理的手段称为"第三次生产力革命"。与之相对的，第一次生产力革命是通过弗雷德里克·温斯洛·泰勒（Frederick Winslow Taylor）的《科学管理原理》，提升了体力工作者的生产力；第二次生产力革命是通过彼得·德鲁克（Peter F. Drucker）开创的管理学，提升了组织的生产力。特劳特将"定位"概括为四个阶段，这也被称为"定位四步法"，即竞争环境分析、找到差异化、获得信任支持、关键战略配称。

2. 脱离论

扬米·穆恩（Youngme Moon）在《哈佛商学院最受欢迎的营销课》一书中敏锐地洞察到消费是现代消费者无意中卷入的全球性消费展示游戏，消费行为成为身份的象征，人们通过展示自己消费的商品来展示自己。互联网则对愈演愈烈的消费主义起到了推波助澜的作用。

扬米·穆恩举例说自己生活的小镇上，孩子们在小学五年级或六年级这个不可思议的时期就学会了"风格化消费"。可以看到，孩子们只选择特定品牌的服装或鞋子。这些还没有到青春期的少年群体试着通过接受或拒绝同龄人的消费习惯来寻求身份认同。这并不代表被选择的品牌实际上比其他的品牌更优秀，只是它们与其他品牌是有差异化的，它们和自己的消费者建立了不同的关系。这些品牌通过建立关系，从激烈的品牌竞争中脱颖而出。这印证了作者的观点：品牌管理的目标是差异化，而差异化并不是竞争的结果，差异化的目的是要完全脱离竞争。关于脱离竞争，扬米·穆恩认为有三种品牌管理的路径：建立逆向战略品牌、建立超越产业的品牌和构建敌意品牌。

3. 传达论

佐藤可士和（Kashiwa Sato）在他的著作《佐藤可士和的超整理术》中从整理术的角度对品牌再设计进行了阐述，佐藤可士和作为日本著名的设计师，在这本书中更多地从"具象化"的角度讨论了品牌的标志设计及视觉化。

"发送广告者有许多想要传递的信息，他们很容易误以为大众当然也会对此有兴趣；然而，接收广告者一点都不在意发送广告者的想法，因为日常生活中有太多事情和问题等着他们处理。人们在内心设下栅栏，无意识地隔绝外界信息。所以，若不彻底整理想要传达的信息，思考出有条有理、技巧高明的传达方式，就无法攻破接收者内心的栅栏，潜入其中。"佐藤如此阐述。

佐藤认为："信息传达的重点是在对方心中建立品牌形象。"换言之，要让消费者一听见品牌名称，脑海中就浮现立体且复合的形象。例如路易威登（Louis Vuitton，LV）这一品牌，结合字母印花、旅行、设计师马克·雅各布斯（Marc Jacobs）、高级感等多种要素，建构出一个极具深度的形象。"传统"与"革新"这两个截然不同的元素并存不悖，LV成为令人向往、意境深邃的品牌。

佐藤认为，应首先站在客户的角度，将想要传达的信息进行梳理。因为要传达的信息堆积如山，样样都想推销，在今天这样信息泛滥的社会是非常困难的，所以必须一一推敲客户堆积如山的思绪并加以整理，才有助于最终品牌形象的建立。

1.2 电竞品牌管理

1.2.1 电竞品牌管理的定义

1. 游戏

如果要定义电竞品牌管理，那么首先必须定义电子竞技（electronic sports，E-Sports）。电子竞技一词最有趣的地方在于各种文献的定义都有不同的角度，并面临不同社会思潮的冲击。这种冲突大体来源于不同的社会角色对电子竞技的源头——电子游戏的不同认知。然而对于电子游戏的认知又必须从游戏入手。

《新华词典》如此定义游戏："与生活和劳动技能有关的、能够促进体力和智力发展的娱乐性活动。游戏中人们可以扮演生活中的不同社会角色，不产生功利。"

早在20世纪，历史学家赫伊津哈（Huizinga）在其著作《游戏的人》中就对游戏行为做过这样的定义：游戏是一种自愿的活动或消遣，这种活动或消遣是在某一固定的时空范围内进行的；其规则是游戏者自由接受的，但又有绝对的约束力；它以自身为目的并伴有一种紧张、愉快的情感以及不同于"日常生活"的意识。

而维基百科则从另一角度解释了游戏："游戏，既可以指人的一种娱乐活动，也可以指这种活动过程。游戏的道具可以为玩具。在英语中，体育比赛亦是游戏的一种，而体育运动亦是由游戏演变出来的。游戏是一种有组织的玩耍，一般是以娱乐为目的，有时也有教育目的。游戏不同于会有对应金钱报酬的工作，也不同于呈现美学或是概念元素的艺术。不过它们彼此之间的分界不一定很明确，像职业运动员的游戏和工作可能是一体的，而拼图游戏则同时具有游戏和艺术的成分在内。游戏的主要成分有目的、规则、挑战及互动。游戏一般会有心理或是身体上的刺激，许多游戏可以培养相关技巧，有体能性、教育性、模拟性或心理上的意义。"

总的来说，游戏是一种基于物质需求满足之上的，在一种特定时间、空间范围内遵循某种特定规则的，追求精神需求满足的社会行为方式。从公元前2600年起，游戏就是人类经验的一部分，出现在所有文化中，像乌尔王族局戏、塞尼特棋及播棋都是其中历史悠久的游戏。

2. 电子游戏

在不同地区、不同语境中，电子游戏（computer game/video game/electronic game/TV game）有着不同定义，电子游戏在中文世界里泛指一切与电子媒体平台（如主机、电脑等）交互以达成目标的游戏。也可认为，电子游戏是基于计算机计算能力，按一定逻辑模式（计算序列）对人类假想行为模拟或抽象的交互程序。

电子游戏可以按照运行硬件或游戏类型分类。

按照不同的游戏运行硬件，电子游戏可分为街机游戏（arcade game）；个人计算机游戏（computer game/PC game），即端游；家用游戏（household game）；手机游戏（mobile game）。

运行家用游戏的游戏机又分为固定型与掌上型。固定型的主机游戏（TV game）常与电视或屏幕显示器连接使用，如索尼公司的PlayStation、任天堂的Wii、微软公司的Xbox；掌上型电子游戏（handheld game）则是主机与屏幕显示器结合，可拿在手掌中操作，如任天堂的GB（Game Boy）和3DS、索尼公司的PSP（PlayStation Portable）等。有些游戏实现了跨平台，即在几种不同的家用电子游戏机上运行，而有的游戏则只能在一种家用游戏机上运行，被称为"平台独占"。2017年任天堂发售的Switch则是新物种，采用了固定主机与掌上型一体化设计，兼顾移动场景与客厅场景，也是主机游戏的一种新趋势。

回合制策略（turn-based strategy，TBS）游戏是策略游戏的子类，所有的玩家轮流自己的回合，只有在自己的回合才能够进行操纵。早期的战略由于硬件运算能力有限，在考量游戏乐趣的情况下，多半采取这种形式。因为早期此类游戏都归类为模拟游戏（simulation game，SLG），所以也会以SLG代称回合制策略游戏。此类游戏的流行起源于桌面游戏，特别是战棋类游戏。《文明》《战岛》《BattleTech》等游戏是典型的TBS游戏。待计算机计算能力提升后，即时战略游戏则成为更受欢迎的类型。

即时战略（real-time strategy，RTS）游戏是战略游戏的一种。顾名思义，游戏的过程是即时进行而不是采用回合制。通常，标准的即时战略游戏会有资源采集、基地建造、科技发展等元素。在玩家指挥方面，即时战略游戏通常可以独立控制各个单位，而不限于群组式的控制。一个常见的误解是认为"只要是即时的战争游戏就算是即时战略游戏"，其实即时战略游戏在真正意义上（或者说狭义上）的认定是比较严格的，即时战略游戏在战略的谋定过程上必须是即时的。所以当一款战争游戏只有战斗时采用即时制，而在采集、建造、发展等战略元素中采用回合制，那就不能算是即时战略游戏。《星际争霸》《红色警戒》《魔兽争霸》等游戏是典型的 RTS 游戏。

角色扮演游戏（role-playing game，RPG）是指在游戏中，玩家扮演虚拟世界中的一个或者几个角色进行游戏，玩家通过操控游戏角色与敌人战斗，提升等级、收集装备和完成游戏设置的任务，并体验剧情。通常这类游戏都是由玩家扮演角色在游戏世界中漫游，而玩家的遭遇（如战斗、交谈、会见重要人物等）是玩家人物成长及游戏进行的关键所在。RPG 普遍为线性或分支型线性，有固定剧情与任务。《仙剑奇侠传》系列、《暗黑破坏神》等游戏是典型的 RPG。角色扮演游戏曾被称为"文字卡"或"文字游戏"，其游戏形态是基于小说的形式，故事情节和角色是此类游戏的基本要素。角色扮演游戏的故事基本上是固定的，玩家依照固定路线操作，经历一连串事件后得知结局，强调人物的特性和剧情内容，让玩家真切感受到游戏中的角色是自己扮演的。收集各种宝物、角色职业能力以及游戏画面也是此类游戏吸引玩家的要素。

沙盒游戏（sandbox game）也称非线性游戏、开放式游戏等，通常游戏地图较大，与 NPC 或环境的互动性强、内容多。极高的自由度是沙盒类游戏的最大卖点，可以较为自由地探索、创造和改变游戏中的内容。非线性游戏往往也有线性模式的剧情可供选择，但一般不强迫玩家完成指定任务或者目标。《泰拉瑞亚》《饥荒》《我的世界》等游戏是典型的沙盒游戏。

塔防游戏（tower defense game，TDG）指一类通过在地图上建造炮塔或类似建筑物，以阻止游戏中敌人抵达堡垒的游戏，也被认为是即时战略游戏的分支。当敌人被消灭时，玩家可获得奖金或积分，用于购买炮塔或升级炮塔。玩家一般有生命值，如果炮塔不能消灭敌人，敌人到达指定地方后，生命值就会减少。随着玩家提升炮塔能力，敌人的数量、能力也会提升。

多人在线战斗竞技场（multiplayer online battle arena，MOBA）游

戏也称作多人在线战斗游戏。在此类游戏中,玩家被分为两队,通常每个玩家只能控制其中一队中的一名角色,以打垮对方队伍的阵地建筑为胜利条件。部分 MOBA 游戏中 1 个玩家可以控制 2~3 名角色。《英雄联盟》《王者荣耀》《风暴英雄》等游戏是典型的 MOBA 游戏,其中《王者荣耀》是移动端的 MOBA 游戏。

第一人称射击(first-person shooter,FPS)游戏指的是以玩家的第一人称视角为主视角进行的射击类电子游戏的总称,通常需要使用枪械或其他武器进行战斗。玩家会直接从游戏的主人公的眼中观察周围环境,并进行射击、运动、对话等活动。大部分第一人称射击游戏会采用三维或伪三维技术来使玩家获得身临其境的体验,并达成多人游戏的需求。《光环》《绝地求生》《守望先锋》等游戏是典型的 FPS 游戏,其中《光环》为家用游戏机上运行的 FPS 游戏。

集换式卡牌游戏(trading card game,TCG)是指使用贩售的专用交换卡片所进行的卡片游戏,多为一对一的双人对战形式,通常也称为可搜集卡片游戏(collectable card game,CCG),此外还有可改造卡片游戏(customizable card game,CCG)之称呼。《炉石争霸》是典型的 TCG。目前还有融合 TCG 与其他类型游戏的游戏。如《部落冲突:皇室战争》在游戏模式上就融合了卡片、塔防和 MOBA 等多种元素。

3. 电子竞技

电子竞技简称电竞,是指使用电子游戏来比赛的体育项目。随着电子游戏对经济和社会的影响力不断增强,电子竞技正式成为运动竞技的一种。电子竞技就是电子游戏比赛达到竞技层面的活动,利用电脑、游戏主机、街机、手机等电子设备作为运动器械进行,操作上强调人与人之间的智力与反应的对抗。

如果站在传统体育的角度将电子竞技与之相比,电子竞技有两个基本元素:电子、竞技。在电子竞技运动的概念中,"电子"是其方式和手段,指这项运动是借助以信息技术及数字媒体技术为核心的各种软硬件以及由其营造的环境来进行的,这类似于传统体育运动项目中相应的器材和场地。这是电子竞技与传统体育的根本不同。"竞技"则指的是其体育的本质特性，即对抗、比赛。作为一个体育项目，对抗、比赛是最基本的特征，这也是电子竞技运动与其他电子游戏（特别是网络游戏）的主要不同。电子竞技运动有多种分类和项目，但共同的核心一定是对抗、比赛。需要说明的是，体育比赛具有可定量、可重复、精确比较的特点，电子竞技作为一项运动项目，具有高度的技巧性、规律性，选手的技战术水平必须通过严格的训练和不断的实践来提高。

然而仍有人认为电子竞技不属于任何体育门类，它会形成独有的体系，与传统体育分庭抗礼，并在此基础上逐渐吸引更多的观众，甚至会导致传统体育的式微。这种思潮不无道理，首先，电子竞技拥有坚实的观众基础，他们既是游戏的玩家也是赛事的观众，企鹅智库 2020 年 8 月发布的《2020 年全球电竞运动行业发展报告》显示，2020 年，全球电竞观众将增至 4.95 亿，其中核心电竞爱好者 2.23 亿，同比增长 2 500 万，并且在全球将有 20 亿人知晓电竞市场。其次，电子竞技正在逐渐与身体体育竞技分离。2020 年 12 月 16 日，电子竞技被宣布成为 2022 年杭州亚运会正式项目，成为电竞历史上又一里程碑事件。据组委会介绍，电子竞技是作为智力竞技加入亚运会，此定义将电子竞技与传统的身体体育竞技做了区别。在 2018 年印度尼西亚雅加达举行的亚运会上，电子竞技首次作为表演项目加入亚运会。

2003 年 11 月 18 日，经国家体育总局批准，电子竞技成为我国开展的第 99 个正式体育竞赛项目。但至今，电竞进入亚运会或奥运会一直都是热门话题，电竞曾经迫切地想要成为体育的一份子并获得权威体育赛事的认可。然而，电子竞技本质上不属于传统的体育运动，它的受众基础也有别于传统的体育运动，电子竞技作为独成体系的新物种，与曾经的电子商务、移动互联网服务一样，通过技术与传统娱乐之间形成了鸿沟，也将很大一部分传统用户隔绝在鸿沟的另一侧。

偏激的电子竞技拥趸认为电子竞技不需要和体育运动一起发展或者被传统体育体系认可。事实上电子竞技正在拥有更加广大的用户群体，抢占着更多用户的心智、时间与热情，构建属于自己的生态位。也许电子竞技不一定要获得传统体育生态（如亚运会、奥运会）的认可，但很可能不远的未来，奥运会、亚运会需要电子竞技的海量用户带来关注与互联网流量，而这一切的转变需要的仅仅是时间与电子竞技用户的成长。

从头部电竞赛事英雄联盟职业联赛（League of Legends Professional League，LPL）和传统体育赛事（如中国超级联赛）的观赛数据来看，2019年LPL总观赛人次200亿，最高观赛人次4 400万；而2019年中超总观赛人次15.99亿，最高观赛人次3 231.07万。LPL已从观赛规模上超越中超。电竞赛事以快速增长的用户规模和密集度更高的赛事体系，在互联网体育市场收获了更多的媒体关注。在未来，随着电竞观赛用户增长速度逐渐减缓，电竞赛事内容质量会成为影响存量用户观赛投入度的主要因素。

综上所述，如果从体育赛事品牌的角度思考电子竞技品牌管理，有许多可以借鉴与学习的内容，NBA的联赛模式对电竞品牌构建具有借鉴意义，但电子竞技品牌管理依旧需要一个不同于以往体育、商业的路径。电子竞技品牌管理的思考模式更多要围绕与互联网相关的生活、社交方式展开。

4. 电子竞技品牌管理

电竞品牌管理是电子竞技产业相关领域内的所有相关品牌管理，其管理对象包含游戏品牌、游戏厂牌品牌、俱乐部品牌、赛事品牌，甚至是选手的个人品牌。如果将电子竞技的领域扩展，解说、主持、主播的个人品牌也是电竞品牌管理的范畴。电竞品牌管理的目标有两个。其一，提升单个品牌的影响力、美誉度，并通过二者帮助品牌的持有企业创造更多的竞技价值；其二，通过电子竞技产业的品牌影响力与美誉度的整体提升获得社会的认可，创造社会价值，通过社会影响力与社会价值的提升帮助产业的整体发展。

从理论和方法论角度来说，电子竞技品牌管理与传统的品牌管理具有共性。因此,品牌管理现有的体系知识与管理办法行之有效。但电竞产业领域的品牌管理亦具有特殊性,需要从多角度考虑电子竞技的产业特征,并将品牌管理的固有理论与方法论与电竞产业的特点相结合,寻找出电竞品牌管理的独特路径。

1.2.2 电竞品牌管理的特征

早在1991年,尼古拉斯·尼葛洛庞帝(Nicholas Negroponte)就在《数字化生存》一书中对未来的人类生活做出几个方面的预测:其一,娱乐世界与信息世界充分融合,并且开始具备互动性;其二,人们与计算机一起生活成为一种生活态度;其三,人们更容易接近,组织扁平化,弱小的个体也可以发声,同时网络真正的核心价值越来越与信息无关,而与社群相关。

电子竞技随着互联网与电子游戏(即电子竞技项目)的产生而生,它天生就具有数字化的"比特"特质。而尼葛洛庞帝就数字化生活方式提出了一种从社会学的角度思考电子竞技品牌管理的框架与路径。根据这种框架,在理解电子竞技的本质的基础上,可以推演出品牌管理的理论与方法论,并可以看到不少已经成功获得品牌影响力的品牌管理方法与品牌传播路径印证尼葛洛庞帝的理论。电子竞技品牌管理是一个复杂且不断变动的系统。但由于电子竞技本身与互联网的特质大致相同,围绕这些特质的分析可以使电子竞技品牌管理有据可循。

1. 电竞产业品牌需要从娱乐到文化的品牌构建

在思考电子竞技项目、电子竞技俱乐部或电竞选手个人品牌的管理之前,思考整个电子竞技产业的定位与品牌,或者说是公众形象,可能是整个产业的品牌管理从业者必须面对的课题。不少产业从业者尝试着从命名的角度改变电子竞技留给大众的刻板印象,以期提升整个产业的品牌形象与社会形象。

北京大学新媒体研究院在2017年撰文中提到,由于在固化的正统社会理念中,游戏行为既不利于社会生产也不直接创造社会价值,它几乎是幼稚和懒惰的代名词。然而在生产力过剩的现代社会，游戏是人们名正言顺"杀死"时间的常见方式。电子竞技正通过游戏的普及化与大众化，逐渐脱离娱乐，成为一种新的文化生活方式。赋予游戏、电子竞技这种生活方式新的符号与定义，成为整个电竞产业品牌建立的路径之一。然而"去污名化"与"去游戏化"一直是整个电子竞技产业品牌在发展过程中所需要面对的最尖锐问题。韩国政府、中国上海市政府以及互联网从业者都在不断尝试促进电竞产业品牌的发展。

在亚洲，韩国是电竞产业领域品牌建设的先行者。1998年，时任韩国总统的金大中提出了"文化立国"战略，将信息产业和游戏产业作为21世纪支柱产业，通过国家战略重新将电子游戏与电子竞技产业定义为"创意文化""新艺术产业"，并全面推进产业发展。这样落实在国家战略级的品牌建设迅速提升了电子游戏、电子竞技在韩国社会的地位，使之被主流社会接受。电竞选手、电竞解说等电竞从业者逐渐成为公众崇拜的对象，同时这一战略举措也将电子竞技产业的生态位提升到了文化与艺术的层次。如今韩国电子竞技所获得的举世瞩目的成就与韩国政府高站位的品牌构建、产业支持有着深层次的联系。

上海也正试图从城市文化与城市标签的角度发展电竞产业，并赋予其一定的城市品牌要素。从政策层面来看，2017年12月14日，上海市加快文化创意产业创新发展大会举行，发布《关于加快本市文化创意产业创新发展的若干意见》，即"上海文创50条"。2017年12月15日，上海举行市政府新闻发布会，时任上海市副市长的翁铁慧介绍了新出台的"上海文创50条"相关情况。动漫游戏作为"上海文创50条"重要的产业板块之一受到关注，而将上海打造为"全球电竞之都"的目标已经落实。

从品牌传播落地角度来看，《英雄联盟》2020年总决赛落户上海，副市长宗明致辞："我代表上海市政府，热烈欢迎第十届《英雄联盟》全球总决赛正式落户上海，让我们2020相约上海，共同感受电竞激情，一起为电竞加油，See you in Shanghai！"此举为《英雄联盟》S10总决赛打下了上海的城市品牌印记，从城市形象的层面对电子竞技活动进行了肯定，塑造了电子竞技正面的、激情的、与城市形象链接的品牌形象。主流媒体发布的相关新闻也改变了一部分公众对电子游戏、电子竞技的偏见。但总的来说，电子竞技产业品牌在我国正面形象的构建依旧任重而道远。

同时，我国的互联网从业者则通过提出"泛娱乐"这一概念，提升了电子游戏、电子竞技的相关品牌内涵。这一概念最早由曾任腾讯集团副总裁的程武于2011年提出。他将"泛娱乐"定义为基于互联网与移动互联网的多领域共生，打造明星IP（知识产权，intellectual property）的粉丝经济，其核心是IP。"泛娱乐"在2015年被业界公认为"互联网发展八大趋势之一"。

UP2018腾讯新文创生态大会的公开资料显示，腾讯集团围绕"泛娱乐"展开一系列"新文创"布局。腾讯将游戏、文学、动画、影视、授权作为泛娱乐的5大领域，并围绕IP/游戏IP展开不同的内容分发。这一新的命名思路拓宽了竞技电子游戏以及与之相关电子竞技的领域，赋予它在文化领域的新层次、新定位。腾讯在阐述产业生态时，不仅仅是围绕电子游戏或电子竞技展开的，而且是围绕"泛娱乐"生态圈展开的，从而营造"大电竞"的品牌概念。

2014年，"泛娱乐"一词曾被我国文化部（2018年组建为文化和旅游部）、国家新闻出版广电总局（2018年3月，设立国家广播电视总局）等中央部委的产业报告收录并重点提及。电子游戏、电子竞技项目也通过改编或同步创作成为文学作品、动画、漫画、影视作品或围绕电子竞技项目形成的综艺节目。以上的立体化运营对电子竞技项目进行品牌的传播，为电子竞技品牌逆向构建了立体的文化领域。

在IP的"泛娱乐化"品牌构建中，网易公司所拥有的IP阴阳师以《源氏物语》的古日本平安时代为背景设计，讲述了阴阳师安倍晴明于人鬼交织的阴阳两界中，探寻自身记忆的故事。借由这个IP，以3D半即时回合制RPG《阴阳师》为核心，衍生出MOBA手游《决战！平安京》,并举办对应的电子竞技决战平安京职业联赛(Onmyoji arena Pro League,OPL);在2018年推出了音乐剧《平安绘卷》;在2016年宣布进军影视业,与工夫影业、华谊兄弟电影联手打造《阴阳师》电影及剧集,其中电影《侍神令》已于2021年上映。在游戏的品牌运营方面,该IP更是通过各种互联网活动发动玩家产出用户生成内容(user generated content,UGC),例如同人绘、玩家cosplay(角色扮演)、同人视频、同人小说等,并提出了"产粮高于一切"的口号。

阴阳师IP下的决战平安京职业联赛并非处于流量头部的电子竞技项目,但阴阳师IP通过不同领域的内容创作与扩展,构建了层次丰富、形式多样的"泛娱乐""大电竞"矩阵。从品牌管理的角度来说,每一个领域的IP展示都能为其他几个领域的IP对应产品带来互联网流量,并在一定程度上提升用户对于品牌的正面认知。除了品牌营销的价值,在商业价值方面,IP文创制作也被《2020年中国电竞商业化研究报告》列入6大电竞商业化收入来源,与版权收入、品牌赞助、赛事门票、周边产品、俱乐部收益并列。在品牌运营的同时,也获得了一定的经济收益。

另一方面,由游戏作品衍生的综艺节目、电视剧也在近年来广受欢迎。如表1-2所示,近年来,网络平台分发的电子竞技或电子游戏相关节目层出不穷,自身拥有游戏资源的腾讯与bilibili作为主力,结合生态制作了一系列相关节目,将电子游戏、电子竞技项目的传播推向了"泛娱乐化"。

表1-2 部分电竞节目一览

序号	节目名称	领域/项目	类型	播送平台
1	《竞然如此》	电竞产业	电竞科普	腾讯视频(免费)
2	《游戏人360秒》	电竞产业	电竞产业	bilibili等
3	《声控宅急送》	《和平精英》	电竞综艺	bilibili等
4	《守望骚话录》	《守望先锋》	比赛通话	bilibili等

(续表)

序号	节目名称	领域/项目	类型	播送平台
5	《努巴尼欢乐秀》	《守望先锋》	游戏剪辑	bilibili
6	《集结吧！王者》	《王者荣耀》	电竞综艺	腾讯视频（收费）
7	《王者出击》	《王者荣耀》	电竞综艺	腾讯视频（收费）
8	《终极高手》（特约版）	《王者荣耀》	电竞综艺	腾讯视频（收费）
9	《王者历史课》（第一季）	《王者荣耀》	电竞科普	腾讯视频（免费）
10	《王者历史课》（第二季）	《王者荣耀》	电竞科普	腾讯视频（免费）
11	《王者炸麦了》	《王者荣耀》	比赛通话	腾讯视频（免费）
12	《王者炸麦了》（2019）	《王者荣耀》	比赛通话	腾讯视频（免费）
13	《王者炸麦了》（2020）	《王者荣耀》	比赛通话	腾讯视频（免费）
14	《荣耀大话王》	《王者荣耀》	选手采访	腾讯视频（免费）
15	《王者？别闹！》	《王者荣耀》	电竞科普/动画	腾讯视频
16	《声控大作战》	《王者荣耀》	电竞综艺	bilibili 等
17	《峡谷搞事团》（第一季）	《英雄联盟》	电竞综艺	腾讯视频（收费）
18	《峡谷搞事团》（第二季）	《英雄联盟》	电竞综艺	腾讯视频（收费）
19	《超越吧英雄》	《英雄联盟》	电竞综艺	腾讯视频（收费）
20	《英雄联盟编年史》	《英雄联盟》	电竞综艺	bilibili/LKs
21	《英雄麦克疯》	《英雄联盟》	比赛通话	bilibili 等

据不完全统计，目前至少有 40 个与电子游戏相关的综艺节目。从电子游戏综艺节目这一横截面来看，电子游戏、电子竞技的品牌构建已经通过这一方式，令存量用户的黏性增强，同时扩展了更多的增量用户，并通过以上跨界方式构建新的内容传播路径。

总的来说，电子竞技产业的整体构建不仅仅需要围绕游戏、赛事开展，还需要从数字娱乐到数字文化的品牌构建。不论是"创意文化""新艺术产业"还是"泛娱乐""新文创"，这些不仅仅是产业品牌构建的路程名称，也是目前电子竞技产业整体品牌运营的趋势与路径。

2. 电竞品牌管理的特征：即时化生活方式

如尼葛洛庞帝所预言，人们的所有生活方式逐渐与计算机成为不可分割的整体。近些年来，人们与移动设备难舍难分，和这些设备及移动互联网一起生活成为一种生活方式与生活态度。随着这些设备的使用，生活节奏也变得愈发快速，生活、工作、娱乐的分界线逐渐模糊。过去，一个普通人一天可能只做2～3件事，现在，很可能在工作生活中需要同时处理3～5件事，除了睡觉，其他任何休闲的时间都已经被碎片化与即时化。这也使得人们很难再花费大量时间专注于某一个单一的事件，即时化的娱乐、信息成为人们接受内容的主体。使用手机、平板电脑等移动设备作为电子竞技观赛媒介，通过直播平台随时随地观看电子竞技赛事变得更加普遍，在短视频平台上观看电子竞技赛事或是主播的游戏片段也变得更加受欢迎，甚至移动端游戏变得比计算机端游戏更受欢迎。随时随地，5～10分钟一局游戏，让人们快捷地获得畅快淋漓的游戏体验，刺激多巴胺分泌。移动端电子竞技项目很大程度上为碎片化生活方式构建了一种新的娱乐场景，在此基础上人们进一步养成了移动端电竞观赛习惯，乘坐交通工具、聚餐、等候的碎片时间里都可以即时化地观赛，构建了移动观赛场景。甚至电子竞技项目本身也会被即时化生活方式影响，去研发与制作移动端的项目，例如《英雄联盟》就在2021年推出了手游版本，并进行了上线测试。

在上述语境下，如果纯粹地从长时间地端坐客厅、面对电视或者端坐赛场"观赛"角度理解电子竞技及其品牌管理，可能会导致管理者对于电子竞技品牌的思考走向"窄门"。使用移动互联网的媒介进行品牌形象传达与品牌内容的分发成为一种趋势。

除了观赛方式的移动化之外，大部分用户可能不会集中注意力看完一场完整的电子竞技比赛，但他们可能会对一场精彩赛事中的"penta kill"（五杀）片段、"反杀"片段津津乐道。他们可能不会对电子竞技赛事中的一段强力对抗记忆犹新，而是对某一个主播的精彩操作片段表现出浓厚的兴趣。在几秒之内不能吸引用户的注意就可能会被用户忽略的情况下，短小精悍、具有冲击力的内容更有可能被观看与传播。激情的音乐、精彩的片段、热血的文案和配音都是帮助电子游戏、电子竞技项目吸引用户的品牌内容和传播要素。这也是在视频网站上带有"cut"（剪辑）标签的内容受欢迎的原因，用户可以选择在有限的时间里只看自己想看的内容，比如从长时间节目中截取的短而精的片段。这些短小精悍的视频片段更容易通过社交网络在一群好友形成的圈层传播，或者通过关键意见领袖（key opinion leader，KOL）进行传播。

与此同时，电子竞技项目所获得的关注和流量也许并不来自于电子竞技项目的节目本身，而是来源于电子竞技相关综艺节目甚至是综艺节目的片段；或是用户在社交网络上无意的浏览；甚至来源于用户所关注某偶像明星的推荐，主流媒体或市场的推广。所以，在品牌管理层面，跨领域意见领袖传播也是目前常见的电子竞技品牌宣传策略。

总的来说，用户即时化的生活方式对电子竞技品牌管理提出了新的要求，品牌管理者要理解媒体的复杂化与立体化。用互联网话术形容便是"占领每一个舆论平台，并尽可能分发多种多样的内容"，即找到可以刺激用户的所有即时化内容与内容分发渠道。例如，短视频、直播、段子等内容都可成为电子竞技项目、电子竞技俱乐部甚至是选手个人品牌的营销内容，而多种多样的跨领域媒介分发则是内容展示的渠道。电子竞技品牌管理的定位与内容输出等都围绕即时化展开，碎片化娱乐的内容产出也成为一种品牌内容传播的导向。不论是电子竞技项目或游戏官方的专业生产内容（professional generated content，PGC），还是粉丝或非官方媒体制作的用户生成内容都成为电子竞技项目、游戏品牌传播中不可或缺的组成因子。

3. 电竞品牌管理的特征：社交化参与方式

如图 1-1 所示，艾瑞咨询在《2020 年中国电竞行业研究报告》中披露的数据显示：51.6%的电竞用户观看赛事的原因为比赛精彩、话题性强；48.9%的电竞用户表示为了跟朋友交流赛事内容而观看电竞赛事；因身边的人都在看而观赛的用户也占到了 35.2%。社交性逐渐成为电竞用户与电子竞技赛事之间的强力"黏合剂"。

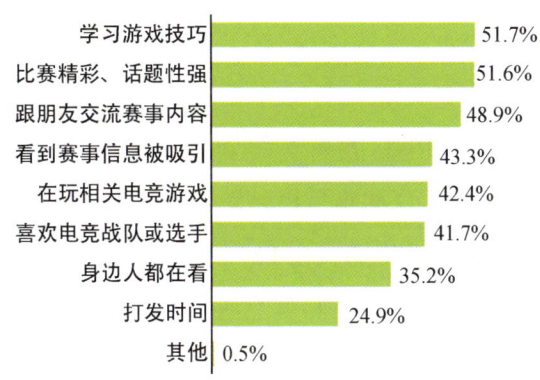

图 1-1　2020 年中国电竞用户赛事观看原因统计数据

有趣的是，不仅电子竞技的观赛行为受到社交化传播的影响，而且电子游戏或电子竞技项目的用户也会受到社交行为的影响。2021 年 11 月，UP 主（在视频网站、论坛、ftp 站点上传视频音频文件的人）半佛仙人在哔哩哔哩（B 站）发布的视频中阐述：《王者荣耀》基于微信的社交生态，无心插柳成为国民游戏，是因为该游戏营造了一种特殊的文化生态，一种社交概念。《王者荣耀》不只是一个游戏，它满足的也不只是娱乐的需求，有很多比《王者荣耀》更好玩的游戏，但它们威胁不到《王者荣耀》，因为《王者荣耀》的核心定位不只是游戏，更是一个社交工具。

社交化的参与方式为电子竞技品牌管理提供了一种品牌管理的思路与框架，基于社交网络的电子竞技品牌传播表现出脱离圈层与文化隔阂的平等化与个体化，构建共同的语言与词汇成为品牌传播的一种思路和方式，这一切依靠的是社交，尤其是在社交网络服务（social networking services，SNS）深入每一秒生活的今天。

从脱离圈层与文化隔阂的平等化与个体化角度来看，过去很难想象学历与生活经历完全不同的人玩着同一款游戏并平等地对游戏发表不同的看法。由互联网创造的平等性给予了每一位用户发表看法的同等权利,正是这种权利使得用户踊跃发声与创造内容,这些内容帮助电子游戏、电子竞技项目用户获得存在感与拥有感,增强了他们与其他用户和项目之间的黏性。例如,游戏论坛 NGA 就是通过这种平等性建立了一个玩家共同拥有的社交空间。

《英雄联盟》战队 RNG 被称为"剑指队",iG 被称为"翻山队",FPX 被称为"涅槃队",这些雅号也是游戏玩家与电子竞技观众津津乐道,并在互联网上广泛传播。在 S8《英雄联盟》全球总决赛夺冠的 iG 战队通过"翻过那座山,他们就会听到你的故事"而被公众所知,这是一篇非常优秀的品牌通稿,通过微信、微博的广泛传播让"翻山队"的品牌概念深入用户内心。使用共通的语言、认同的"梗"* 完成一次社交化的传播,以圈层为核心进行社群化传播,成为电竞品牌传播中非常具有影响力的一种品牌构建方式。这种构建方式令用户认为自己是该文化的参与者与拥有者,在满载参与感的同时还兼有"密语"的快感。

如尼葛洛庞帝所说,不论是游戏还是计算机的普及,社会、种族、经济的力量都不是最重要的影响力,代际差异才是其中举足轻重的要素。数字化革命通过年轻人驱动,与国家力量驱动的知识或产业进步不一样。数字化革命就像是摇滚乐,它的新锐精神与吸引力跨越国界与种族,改变着整个世界。电子竞技品牌传播也是如此,它们使用同样的语言,描述同样的事情,传达近似的情感,通过用户的社交网络,使用户对这些品牌和内容产生拥有感,沉浸其中。

---

* 作者注:网络用语,常出现在综艺节目及网络中。所谓"梗"的意思是笑点,铺梗就是为笑点做铺垫,系对"哏"字的误用。一般来说,梗用于流行事物,比如综艺、动画剧、动画电影、真人剧、真人电影、漫画、小说、电子游戏等。"梗"字的词义被不断扩大引申,大到某个时间段,小到情节插曲,乃至故事中发生的片段都可以叫"梗",比如"身高梗""经典梗""撞脸梗""言情梗""创意梗""幽默梗"等。

1.3　学习任务：电竞品牌调查

1. 任务目标

（1）提高独立思考能力与自主认知能力，提高对于品牌管理知识的灵活运用能力。

（2）提高对图文内容的组织与展示、表达能力，在认知品牌管理知识的基础上进行思考、发散与展示。

2. 任务背景

你是某电子竞技品牌的赛事策划者，在开始策划之前，你需要充分了解市场、竞品，所以需要通过纸媒、网络等渠道找出生活中品牌管理、电竞品牌管理的案例，对它进行分析。

（1）分析相关的品牌要素：标识、口号、主视觉、内在精神价值等。

（2）从用户角度分析它的吸引力。

（3）从品牌管理的角度找出该品牌管理细节的可提升之处，并分析竞品在品牌管理策略上的优劣势。

3. 任务步骤

（1）通过搜集资料，获取1～2例大众消费品品牌管理的案例与1～2例电子竞技品牌管理的案例。电子竞技品牌可以是知名的电子竞技赛事、电子竞技场馆、电子竞技俱乐部/战队、电子竞技选手或电子竞技项目的知名主播、解说员、主持等。

（2）使用演示文稿（PPT）对搜索的内容进行逻辑概括，并进行演示。PPT要按照分析的模块罗列，逻辑清晰，例证丰富，图文并茂。

4. 任务案例

如图1-2所示，实训案例为我校2021级电子竞技运动与管理专业陈宇骁同学的实训PPT的第1～2页，他从四个方面对自己喜欢的电子竞技俱乐部进行了介绍，首先从品牌管理最基本的要素标识、口号、主视觉、内在精神价值切入；之后从作为用户的角度出发，分析自己是如何被该俱乐部吸引的；并进一步对当前俱乐部品牌管理的细节进行分析，找出可以优化的部分；最后找出与其具有竞争关系的其他品牌进行优劣势对比分析。

图 1-2　电竞俱乐部调查实训 PPT

1.4 练习与思考*

1. "赛证融通"测试题

（　　）年11月国家体育总局将电子竞技设为我国第99个正式体育项目。

A. 2001　　　　B. 2002　　　　C. 2003　　　　D. 2004

答案：C

2. 课后思考

在未来十年，你认为社会对电子竞技的看法是会与我们所熟知的体育运动趋同，还是将电子竞技看作另一种形式的运动？你认为接下来电子竞技品牌管理的方向是怎样的？

延伸阅读

一般认为Web2.0（以论坛、博客为代表）和Web3.0（以社交平台、微博客为代表）的相继流行，UGC（也称UCC，User-created Content，用户生产内容）功不可没。随着移动互联网的发展，网上内容的创作又被细分出PGC（也称PPC，Professionally-produced Content，专业生产内容）和OGC（Occupationally-generated Content，职业生产内容），甚至有UGC、PGC和OGC谁是主流的讨论。

这三者之间既有密切联系又有明显的区别。一个平台（网站）的PGC和UGC有交集，表明部分专业内容生产者，既是该平台的用户，也以专业（专家）身份贡献具有一定水平和质量的内容，如微博平台的意见领袖、科普作者和政务微博。PGC和OGC也有交集，表明一部分专业内容生产者既有专业身份（资质、学识），也以提供相应内容为职业（职务），如媒体平台的记者、编辑，既有新闻的专业背景，也以写稿为职业领取报酬。

---

* 本书"赛证融通"测试题均选自"1+X"电子竞技运营职业技能标准中级练习题库。

因此，UGC和PGC的区别，是有无专业的学识、资质，在所共享内容的领域是否具有一定的知识背景和工作资历。PGC和OGC的区别相对容易，以是否领取相应报酬作为分界，PGC往往是出于"爱好"，义务贡献自己的知识，形成内容；而OGC是以职业为前提，其创作属于职务行为。

如图1-3所示，可以看到UGC和OGC没有交集。在一个平台（网站）上，用户和提供商总是相对的，在两者之间，可能有既是该平台的用户也是该平台的提供商的角色，但这属于极少的群体。

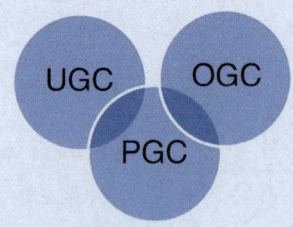

图1-3 UGC、PGC与OGC关系图

以OGC为代表的网站，如各大新闻站点、视频网站，其内容既有内部自行创造，也有从外部花钱购入版权的内容；以UGC为代表的网站，如各大论坛、博客和微博客站点，其内容均由用户自行创作，管理人员只是负责协调和维护秩序；在这两种网站中都有PGC的身影，由于PGC能共享高质量的内容，同时网站提供商又无需为此支付报酬，所以OGC站点和UGC站点都很欢迎PGC。

显然，PGC是稀缺的，因为内容的生产是需要成本的（时间、人力和物力），不支付报酬难以为继，而支付报酬的PGC则归属到OGC的范畴。无论是以内容提供见长的新闻站点、视频网站，还是以互动服务见长的社区、社交站点，都在努力争取更多的PGC。

或许PGC只是业界的一种错觉，从根本上来看，PGC是UGC的一部分，只是这部分内容相当精彩，互联网内容供应仍是泾渭分明的UGC和OGC。

模块 2
电竞品牌的管理

知识目标

(1) 深刻理解电竞品牌的特性,理解电竞品牌的社会价值、商业价值,并理解个人作为人格化品牌在电竞领域的品牌价值及其正向的社会意义。

(2) 理解品牌定位的逻辑,对以用户为导向的目标用户分析有一定的认知,并理解电子竞技品牌领域的生态位与动态位的变化。

2.1 电竞品牌价值

简单地说，品牌是顾客对于某一特定对应物的心理、生理的综合性感受和评价的结晶。品牌的含义有两层：一个从物件到心智的烙印，即从具象的识别图案、语言到抽象的象征意义。前者是品牌的定位管理，而后者则是品牌的视觉、语言与传播管理。

电竞品牌，不论是企业、赛事品牌还是电竞从业者的个人品牌，其所具有的商业价值都值得关注，同时其社会影响力与社会价值也是非常积极正面的，尤其是在电子竞技不断被争论的今天，正向的电竞品牌所展现的社会影响力不仅推动着电竞产业的发展，同时也在为社会做出一定程度的贡献。电竞品牌生态系统中所有主要品牌持有者，诸如游戏发行商、电竞团队、赛事运营商、流媒体平台、节目制作公司和电竞名人等，如果仅仅聚焦于商业价值，会让电竞品牌的路很难走远，也将格局局限在了商业。着眼于正面的社会影响，是电竞品牌在未来良性发展的方式之一，也是电竞产业对社会做出的贡献。

2.1.1 电竞品牌的社会价值

电竞公益的出现和电竞社会价值的提升，同时也在为电竞品牌本身赋能。2018 年《守望先锋》在官网宣布，推出一款角色"天使"的限时传奇皮肤"粉红天使"，这款特殊皮肤将会作为一款慈善皮肤销售，销售收入用于帮助支持乳腺癌研究基金会（Breast Cancer Research Foundation，BCRF）。这并不是《守望先锋》团队此次慈善活动的唯一项目，此外，官方还制作了"粉红天使"的慈善衬衫，以及游戏中的"粉红天使"喷漆和玩家头像。同时还组建了一支由《守望先锋》内容创作者组成的史诗团队，为这一慈善活动进行宣传。此举为《守望先锋》获得了正面的社会评价，更提升了女性用户对游戏的好感。

一个电子竞技品牌的战略定位往往可以通过它的官方说明文档窥见一二,官方说明文档是该品牌在传播时的物料,但往往可以通过表象穿透到战略定位的层次,也就是所谓的表里一体。以《守望先锋》联赛(Overwatch League,OWL)为例,其官网的介绍为:"《守望先锋》联赛是由 20 支以城市为竞技主体的队伍组成的国际电竞联赛,囊括了当今世上最顶级的《守望先锋》选手。2021 赛季于 4 月 16 日开幕,至 9 月的季后赛及总决赛结束。作为全球首屈一指的电竞联赛,《守望先锋》联赛展现了顶尖的竞技和激动人心的故事,也拥有着更丰厚的奖金池、丰富的观赛奖励及先进的产业价值。"

文档的前半部分首先描写了电子竞技赛事的范围、类型、层次、赛期。范围是:20 支以城市为竞技主体的队伍;类型是:国际电竞联赛,这里值得一提的是,电竞赛事杯赛与联赛在赛制与方式上有所区别;层次是:当今世上最顶级的《守望先锋》选手;赛期是:2021 年 4 月 16 日至 9 月的季后赛及总决赛结束。

如上所述,如果一个学校需要举办一个某电子竞技项目的上海市高校联赛,在品牌定位中就需要描述赛事的范围,如上海市××所高校的××支电竞队伍,类型是上海市级的电竞联赛或杯赛,层次方面则是上海市高校的顶尖力量,赛期是××年××月至××月。

而文档的后半部分则对于更加"软性"的部分进行了品牌定义,抓住的关键词也可以说是品牌管理的目标。"全球首屈一指"点出了这个电子竞技赛事的影响力目标,"展现了顶尖的竞技和激动人心的故事"点出了赛事本身所传播的"软性"的内容,"更丰厚的奖金池、丰富的观赛奖励及先进的产业价值"点出了品牌的商业定位与商业价值。

以腾讯游戏为例,其官网提出了几个企业定位的概念:游戏体验、游戏创新、游戏文化、游戏责任。例如 2021《英雄联盟》职业联赛夏季赛的宣传口号是:登场破万象;而项目运营公司腾讯游戏的宣传口号为:去发现,无限可能(Spark More)。

2.1.2 电竞品牌的商业价值

电竞品牌的商业价值是可以量化的品牌资产，一种衡量方法是定量的估值，品牌资产在企业的会计报表中会有一定程度的体现，这是品牌的财务价值，这个数据试图衡量品牌无形资产价值带来的收入。另一种衡量方法是以市场营销效果做定性的估值，在这种评价体系中，品牌资产被视为衡量消费者对品牌的信任、依恋程度的指标，依靠消费者对品牌的联想与信念进行描述。这种描述是电竞品牌商业价值估量的重要依据之一。然而最值得关注的还是电竞品牌通过与其他商业品牌的合作，通过权益售卖实现品牌变现。

电竞行业的蓬勃发展与逐渐成熟带来了巨额的互联网流量，尤其是通过电竞领域相关营销获取的来自年轻用户的流量，这些流量具有强社交属性，其优质的流量属性与目标用户画像吸引了许多品牌着力对电竞营销领域进行布局。

用一句话简要概括，品牌商愿意用资金或其他资源换取电竞品牌的流量，或与用户心中的电竞品牌进行印象绑定。这是营销过程中，品牌对于消费者心智与认知的追逐与占领。近些年来最被津津乐道的是奢侈品与电竞品牌的合作。

随着电竞营销合作的广度拓展与深度挖掘，最早的冠名、赞助等所谓"拿钱就能印品牌"的表象化营销合作模式日渐式微。品牌商与电竞赛事、俱乐部、游戏版权方，甚至是和职业选手、主播、解说等人格化品牌的合作方，电竞游戏媒体等的媒体合作模式不断推陈出新，在营销中使用新的技术手段与营销模式。双方合作的模式也逐渐呈现出合作深层化、模式多元化的特点。

电竞赛事与活动的商业价值越来越被品牌商重视，电竞赛事主办方、电竞俱乐部、游戏的IP方也不断寻求成为各品牌商年轻化战略与互联网整合营销的重要渠道。在此过程中，电竞品牌方对合作权益的规范化与标准化不断探索，电竞赛事的招商品牌合作权益也表现出标准化与定制化的趋势。

多元化合作模式中，较为基础、直接的合作模式就是曝光合作，即品牌商通过赞助、冠名、植入、代言等方式参与电竞赛事并完成营销流程，获取电竞流量，主要目的为品牌曝光。对于比赛来说，直播中的品牌露出、赛事现场的品牌露出都是典型的曝光合作。对于战队、俱乐部来说，队服的广告位也是较为直接的曝光合作方式。

产品合作主要是借助电竞赛事或游戏 IP 的影响力推出联名、定制甚至是限量的产品，通过用户与电竞 IP 的情感链接进行一定程度的变现。这里的营销可能有两种目的，一种是品牌营销，即通过产品获得品牌美誉度与曝光度，树立年轻化、数字化、电竞化的品牌形象，对于盈利没有要求；另一种则强调直接营销效果，将产品的售卖营收作为主要的目的。例如肯德基就与《英雄联盟》职业联赛联合推出"电竞灵魂宵夜""RNG 薯条""电竞明星牵手杯"等定制产品，甚至在 S11 期间推出了电竞闪卡并与 A-SOUL 合作制作了 LPL 加油海报。

场景合作的模式多以快闪店、文化展、IP 展、特别活动等方式展开，其对于用户黏性的提升有巨大助益，属于包容性非常强且操作空间大的合作模式。场景合作的模式往往较为多元，可能会配合线上活动同步开展，或配合营销内容的分发，甚至与合作产品的售卖同期进行。

内容合作模式主要以品牌商结合电竞 IP 进行二次创作，以影片、漫画、音乐等形式运营，讲述品牌与电竞精神融合的故事，并以此进行内容传播，达到品牌营销的目的，是整合营销的常见模式。内容的合作非常依赖营销运营者对于电竞内容的理解及二次传播中所使用的媒体渠道。

合作权益的标准化来自于电竞品牌与合作品牌商之间多年的磨合与电竞营销活动流程的优化。权益的标准化是指针对具体权益、合作期内权益完成的频次、覆盖的周期与范围、渠道的数目与流量等做出定性与定量的描述，并且在此基础上对单位、单价、数量等做出统一规划，并给出相应的具体描述，对营销过程中双方品牌的素材、达到的效果做出定性、定量的规定，最终给出对应的报价。这是电竞品牌及其营销渠道日渐成熟化、商业化的表现。简而言之，在商务合作中，品牌赞助商可以通过一张简表对一定量的资金所可以购买的标准权益及对应的品牌影响力有一定了解。

合作权益的定制化则是对于合作权益的灵活性更深层次的尝试。在定制化过程中，电竞品牌与赞助品牌之间可以通过品牌理念的契合或是目标用户的重合进行进一步定位，策划出符合三方需求的整合性品牌营销策略，落实到产品、场景、内容等合作模式中，做到三赢的同时将品牌营销活动的影响尽可能地扩大。在定制化的模式中，资金的合作并非唯一途径，流量互换与异业合作也是非常常见的途径。

2.1.3 电竞个人品牌价值

电竞行业除了塑造了知名的赛事品牌、战队、俱乐部平台之外，还塑造了多个令用户喜爱的个人品牌，这些个人品牌以选手、主播的个人气质与性格作为基础，最终形成个人 IP，拥有巨大的品牌价值。不少著名的个人电竞品牌不仅为用户提供精彩的电竞娱乐内容，还形成了相应的粉丝社群。不少个人电竞品牌也不断发起公益活动或宣传正向的理念，发挥社会影响力。

据腾讯体育报道，2017 年，刘谋的个人工作室——PDD 工作室捐款 200 万元，与内蒙古锡林郭勒盟多伦县政府共同修建皮皮欢乐希望小学。2018 年 9 月，小学竣工并投入使用。刘谋曾是《英雄联盟》项目电子竞技职业选手，曾获得 2013 年 SWL 联赛第二赛季冠军，2013 年 IEM 新加坡站冠军，2014 年 LPL 春季赛亚军，现职业为游戏主播。腾讯体育更是对刘谋的捐资建校做出了传播电竞正能量的高度评价。

2.2 电竞品牌定位

电竞品牌的企业定位可拆分成电子竞技项目的品牌定位、电子竞技赛事的品牌定位、电子竞技项目运营或版权拥有公司的定位。这三者息息相关又不尽相同，三者针对的用户有所重叠，并在品牌管理的层次上有资源、渠道、手法的重合。

特劳特在《定位》一书中阐述："人的心智是海量传播的防御物，屏蔽排斥了大部分的信息。"按照这一学说推导，人的心智能接受与以往认知、经验相匹配或吻合的信息。心智形成之后，想要撼动它则非常困难。利用有效的信息和传播方式占领用户心中不多的位置，就是以用户为导向的品牌定位。

2.2.1 以用户为导向

首先，定位是确定产品品牌在顾客和潜在顾客心智中的位置，必须把品牌由市场导入消费者理念中。其次，销售者（即品牌方）只提供关于品牌定位的建议和方案，只有顾客才能成为定位的主体，即只有用户才有权决定接受还是不接受销售者提出的品牌。销售者不能代替顾客定位，不能将品牌理念强加给顾客；销售者必须从顾客的角度去思考和策划品牌定位；销售者必须善于引导顾客朝着策划的方向发展。这就对销售者提出了洞悉消费者需求和心理的要求。

近些年来，也有不少关于品牌"信用"的说法，这与中国传统的对于产品质量所铸就的商业信誉说法接近。电竞品牌没有实体产品的特殊性决定了赛事主办方、俱乐部、电竞从业者需要从产品与信誉两个层面进行品牌形象的宣传和维护。例如，公平的赛制、从业者所有的表现（战绩、个人道德、言论等）都是正面品牌形象的宣传。

在维护产品的层面，赛事需要公平、公正，赛制合理，赛事具有对抗性，具有看点；节目制作精良并且拥有一定的用户号召力；甚至是举办年数较多，稳定性与权威性强于同类型电子竞技项目的其他赛事。相较于职业赛事的观赏性，大众赛事则需要更强的参与感。电竞从业者所输出的互联网图文、流媒体内容需要专业且具有娱乐性。对于电竞从业者来说，遵从社会的公序良俗也是非常重要的一部分，这是作为个人的重要属性。

总的来说，能提供适合用户、令用户身心愉悦的数字娱乐产品是电竞品牌以用户为导向的品牌定位的第一条原则。

2.2.2 品牌生态位

产品之间本质的区别只有品牌的个性，个性可能与产品的物理特性功能毫无关系，是通过定位赋予产品的含义。同时，品牌所表现的个性要与用户的价值观吻合，得到用户的认同。而对于电竞品牌来说，生态位往往是品牌个性化的前置条件。

生态位又称小生境、生态区位、生态栖位或是生态龛位，生态位是一个物种所处的环境以及其本身生活习性的总称。每个物种都有自己独特的生态位，借以跟其他物种作出区别。生态位包括该物种觅食的地点，食物的种类和大小，还有其每日的和季节性的生物节律。生态位的概念是由乔瑟夫·格林尼尔（Joseph Grinnell）于1917年首次提出的。这个概念在许多方面有广泛应用，比如市场营销方面的"利基"概念。

俄罗斯生态学家高斯（Gause）则认为：如果两个物种竞争有限的资源，利用资源更有利的物种将会排斥另一个，当资源有限时，没有两个物种能在相同的生态位共存。也就是说与竞争对手选择不同的生态位是一种更利于生存的方式。在生物学中，生态位就是某种固定的生活方式，如吃树叶、根茎，或是吃某些昆虫等，占据某个生态位的可以是亲缘关系很远的物种。

电竞品牌也有自身的生态位，电竞品牌的生态位与电子竞技项目的生态位息息相关，当生态位足够特殊的时候可以形成一定的品牌护城河，在该领域内很难有同类型的游戏参与竞争。如表2-1所示，《王者荣耀》所占据的设备生态位为移动端，其特殊的文化生态位与美学生态位为之创造了强劲的竞争力。同样，《和平精英》在《绝地求生》没有国服的情况下，成为了"吃鸡"，占领了这一生态位，完成了品牌即品类的定位，塑造了自己的生态位。《FIFA》一直以来也是同类别当中非常引人注目的品牌。

表 2-1　电竞生态位分析表

游戏名称	模式生态位	设备生态位	文化生态位	美学生态位
《英雄联盟》	MOBA	PC/移动端	东西方文化	东/西方美学
《DOTA2》	MOBA	PC	西方文化	西方美学
《王者荣耀》	MOBA	移动端	中国文化	东方美学
《决战！平安京》	MOBA	移动端	阴阳师文化	东方美学
《守望先锋》	第一人称射击	平台/PC	架空世界文化	东方美学
《炉石争霸》	卡牌	移动端	架空世界文化	西方美学
《皇室战争》	卡牌	移动端	架空世界文化	西方美学
《和平精英》	第一人称射击	移动端	军事文化	军事美学
《FIFA Online 4》	体育模拟	平台/PC/移动端	体育文化	体育美学

2.2.3　品牌动态化

市场环境与营销环境的动态化决定了品牌的动态化，品牌的一成不变可能会导致品牌本身的老化。年轻人不再喜欢传统品牌与百年老店，会给拥有深厚文化积淀的品牌以巨大打击。近年来，不少国货品牌与传统品牌不断以"国潮"的方式更新品牌，这是一种动态化定位的对策，也帮助不少品牌走出困境，创造了新的品牌奇迹。

而电竞品牌又具有数字化、以互联网为基础、变化较多等特性，用户的代际喜好一直在更替。有一种说法是电子竞技项目用户的锐减可能会导致该项目的赛事观众锐减，甚至是这一项目相关赛事的消亡。用户减少、日活跃用户数下降、没有新用户是关系重大的问题而非简单的数字折线。电子竞技品牌管理的动态化是一种"刚需"，也是在互联网时代需要通过数据不断反思，帮助品牌获得更多流量与销售收入的策略。从内容传播的角度来看，品牌内容的分发一直在朝着碎片化方向发展，而电子竞技项目则在很长一段时间内持续向社交化进化。

2.3 品牌定位工具

1992年让-诺埃尔·卡普费雷（Jean-Noël Kapferer）发明了解决品牌识别复杂难题的分析工具——品牌识别棱镜（brand identity prism），卡普费雷提出把品牌识别看作一个六角棱镜，每条边都代表着品牌的重要元素，"产品型格""外部关系""客户映射"是品牌的外部因素，而"品牌个性""品牌文化""品牌自画像"是内部因素。

如图2-1所示，品牌识别棱镜被中心的一条纵向直线分开，左边为外在化（Externalization）的品牌棱面，右边是内在化（Internalization）的品牌棱面。而处在棱面上下两端的人则是图形发出者（Sender of picture）与图形接受者（Recipient of picture）。这可以帮助品牌在品牌建立初期进行外部与内部的清晰梳理。

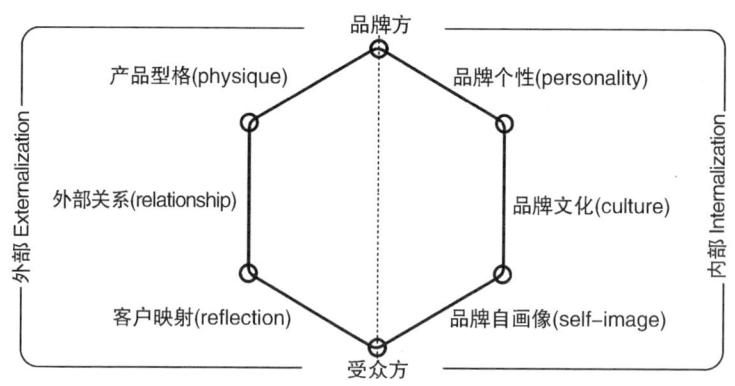

图2-1　品牌识别棱镜

2.3.1 产品型格

产品型格（physique）：也就是物理层面的要素，包括产品本身的属性、品牌标志、颜色、形状等在消费者的心目中与品牌密切相关的品牌设计资产。例如，电竞品牌 LPL 在多年的运营之后已经成为《英雄联盟》玩家或爱好者心目中当之无愧的成熟职业联盟赛事，其丰富的商业合作、巨额的赞助都证明其品牌资产已经累积到一定程度。

2.3.2 外部关系

外部关系（relationship）：这里关系是相对宏观的，代表品牌与受众或消费者群体之间的关系，包含着品牌所提供的产品或服务，或是客户的期待与期望。

2.3.3 客户映射

客户映射（reflection）：品牌的目标受众也被称作是品牌的理想买家，这里的客户映射更多指的是品牌的杰出、忠诚用户。品牌使用这些核心用户的信息来定义目标用户，在品牌营销的过程中使用更多的信息与核心用户进行沟通。

2.3.4 品牌个性

品牌个性（personality）：指将品牌当作一个人格化的存在来看，例如是严肃的还是活泼的，或是诚实善良、精明能干的。这个要素常常通过品牌的调性传达，通过视觉识别与语言管理一起构建品牌个性，也是品牌的重要设计资产。例如，电竞品牌《王者荣耀》高校赛一直都以青春作为自己的品牌个性，不仅仅通过口号，更通过视觉效果展现出青春的品牌气息。

2.3.5　品牌文化

品牌文化（culture）：公司的文化可以从内部渗透到外部。无论公司文化是好或是坏都会在社会上对品牌产生影响。例如企业的"狼性"文化与"996"文化会刺激员工内部与外部竞争，但与此同时也产生一定的负面影响。再如，哔哩哔哩作为"二次元"含量极高的公司，其员工工位可以按照个人喜好摆放手办，员工甚至可以带宠物上班，这样的公司文化可以吸引具有相同价值观的员工与用户。

2.3.6　品牌自画像

品牌自画像（self-image）：品牌的自画像代表着品牌所预设的自身的形象，也映射着用户的理想自我。从品牌营销的角度来说，有时用户的理想自我甚至与自我是对立面，这乍一听非常荒谬，但恰恰说明客户在购买某品牌产品时，购买的不仅是产品本身，也同时购买了品牌给用户所塑造的一种自我映射形象，品牌以此来引起用户共鸣。例如，奢侈品给客户所营造的映射就是用户是富裕的、精致的、有品位的，但可能购买奢侈品的用户本身并不是非常富裕的阶层，而是一种跨阶层消费所带来的消费者自我映射。

品牌棱面的外在化与内在化一体两面，这种折射类似于个人特质的外表与内心的传达。使用品牌棱镜对品牌全面分析，可以更好地对品牌进行定位，并在此基础上通过内在的设定对外在进行投射。

例如，当创立一个电竞品牌时，我们可以针对电竞品牌进行一定程度的品牌识别的设定。将所设想的能够定义品牌的词汇填入品牌识别棱镜中，通过关键词梳理清晰品牌创立者的思路，明晰接下来所需要完成的品牌视觉、语言的识别。

以可口可乐为例，其产品型格为：软饮、甜、提神；品牌个性为：快乐，分享欢乐时刻，创新，沟通，领导者；外部关系为：容易接近的，产生链接与互动的；品牌文化为：幸福、分享、社会责任；客户映

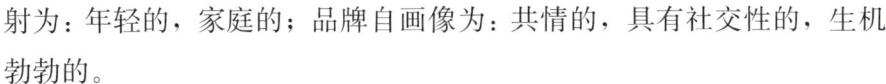

射为：年轻的，家庭的；品牌自画像为：共情的，具有社交性的，生机勃勃的。

品牌识别棱镜不是新的概念，从被创建至今，已经历经了30年。虽然近些年来出现了很多与品牌相关的识别框架，但品牌识别棱镜仍旧是一套行之有效的工具。

首先，品牌识别棱镜可以帮助品牌管理者思考构成其品牌识别的各种元素，管理者只需思考品牌识别棱镜中的六个棱面，在此过程中强化品牌的短板。其次，品牌棱镜可以为品牌管理中的希望品牌被感知的途径（即内部棱面）、最终被用户感知的品牌形象（即外部棱面）提供帮助，使品牌的内在与外在趋于一致，形成一个更加具有完整性的品牌。

2.4 学习任务：电竞品牌策划

1. 任务目标

（1）对以用户为导向的定位有深刻的理解，能够从用户的喜好、倾向对初创品牌、电竞品牌进行分析、定位。

（2）熟练使用品牌棱镜作为品牌分析的工具，完成相关的分析、定位工作。

2. 任务背景

虚拟一个电竞品牌，这个品牌可以是赛事也可以是组织，更可以是个人——选手或电竞项目的主播。以用户为导向倒推出品牌的定位。使用品牌棱镜作为工具为该品牌设定相关的品牌定位。

3. 任务步骤

（1）通过互联网搜寻现有品牌、相关研报获取数据，在品牌定位之前首先锁定目标用户，以用户为导向选择正确的生态位，虚拟一个电竞品牌，并进一步对品牌进行定位。

（2）通过品牌棱镜工具对品牌的定位进行进一步梳理，明晰产品型格、品牌个性、外部关系、品牌文化、客户映射、品牌自画像等信息，并填入所提供的品牌棱镜图中。

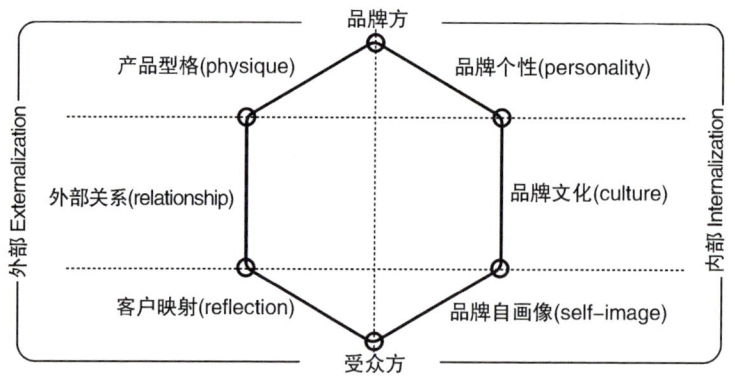

图 2-2　空白棱镜

2.5　练习与思考

1. "赛证融通" 测试题

赛事赞助其实是一种（　　）与赛事方之间的合作形式，双方应该是平等互利的关系。

A. 赞助方　　　　B. 赛事方　　　　C. 执行方　　　　D. 决策方

答案：A

2. 课后思考

对于构建一个电竞品牌的精神内核你是如何思考的？对于竞技来说什么样的精神是你所崇尚的？你认为在这样的精神内核下会产生怎样气质的品牌呢？

模块 3
电竞品牌的视觉识别与语言管理

知识目标

(1) 理解视觉识别系统在品牌管理中所扮演的重要角色,通过标志、色彩、版式、图形等品牌设计要素对品牌识别系统的印象有所了解,并能够掌握色彩的基本原理、图形的设计。

(2) 理解语言管理在品牌管理中所扮演的重要角色,对于品牌理念、品牌词、品牌语调有自己的理解。

(3) 掌握品牌的基本概念及口号的分类,熟练掌握品牌口号的写作方式。

如果说视觉品牌定位是品牌管理团队清晰可见的策略，那么视觉识别系统就是最终给消费者的品牌视觉呈现。品牌的视觉识别系统依靠色彩、图形等要素所形成的视觉符号集合，使消费者对品牌的印象与视觉识别系统深刻链接。

品牌语言（Brand Language）由描述其目的或参考其产品的词、短语和术语组成。品牌语言主要用于品牌营销，目的是让消费者将特定的词或想法与特定的公司或产品联系起来。不少品牌管理与广告学文献会将品牌调性（brand tone and manner，即品牌语气）与行为合并来做研究。

3.1 品牌的视觉识别系统

视觉识别本质上是品牌的视觉语言。因此，它的各个元素构成了传达意义的系统的分子，通过不同方式结合形成一个有凝聚力的视觉识别系统。

视觉识别系统作为品牌的外化表现与消费者识别品牌的符号，使品牌的无形资产转化为有形化视觉产物。站在品牌管理的角度，视觉识别系统决定着潜在用户对一个品牌的感受，它所见即所得，通过视觉刺激吸引潜在用户的注意力。

3.1.1 标志

人类是善于记忆视觉符号的。不论是耐克的对勾还是肯德基的山德士上校，都是深深印刻在消费者脑中的图形。消费者不用看到品牌的字样也可以反应出品牌的印象，与产品进行对应。

好的标志应该是简单容易识别的，令人过目难忘的，并且容易在品牌的大部分营销内容与渠道应用，经得住时间的考验。它可以是抽象的，也可以具象的，但形式和形状往往遵循简单的原则。在数字时代，它可能是一段动画，呈现在网络或者电视广告中。例如，皮克斯动画的跳跳灯片头就是一个典型的标志实体化的动态展示。

标志是建立视觉识别系统的核心，标志是品牌最重要的象征，它是视觉识别系统的中心，给辅助图形、色彩和版式选择提供了设计依据。名片、信笺抬头、社交平台的头像、网站的头图和背景时常会围绕标志进行其他视觉延展物的设计。从功能角度讲，标志应该做到：

- 从视觉上吸引用户的注意力；
- 创造深刻的第一印象；
- 将品牌与竞争对手区分开；
- 表达出品牌的身份；
- 显示出品牌的专业、优秀或其他品质，如亲切、自然；
- 令用户难忘。

图3-1 《英雄联盟》职业联赛标志

如图3-1所示，《英雄联盟》职业联赛标志的官方设计说明如是说："在沿用了峡谷图形的基础上，用两股冲击的形状来表示峡谷内两队凶猛的碰撞，而这股力量强大到突破了峡谷，开始影响峡谷外的真实世界。"此标志表达了LPL进攻的赛区特色，同时也表达了LPL独特的精神内涵。这种尖锐的图形印象也将电竞赛事激烈的主观感受融入了标志，通过红色、尖锐的切角引导着《英雄联盟》职业联赛的整体视觉风格。

1. 展现精神

品牌的标志应该作为视觉识别系统的核心，引导整个视觉识别系统的传达体系。品牌标志应该引导视觉效果，而不是被其他的图形、文字、版式等要素引导。不少电竞品牌的标志都是通过图形化的语言来表达自身的精神内核。

品牌视觉识别系统存在的意义旨在表达品牌是谁，标志作为品牌精神内核的最佳凝练，要传达品牌最基本的理念。用标志展现品牌精神的目的，是通过视觉效果展现出品牌的战略基础：品牌的使命宣言、核心价值观、为用户提供的价值、用户的身份及沟通的方式。

　　回答以上问题有一个比较简便的方式，就是将品牌"人格化"。把品牌视作一个真实的人，如果是一个人，会是什么形象，亲切或是高冷，热情或是冷静，进取或是随性，等等。这些定义词汇的出现，对于标志来说，可以更好地确定其图形、色彩等设计方向。

　　如图3-2所示，《守望先锋》联赛标志与美国职业男篮联赛标志设计的思路非常接近，都是使用双色的形式绘图，并利用视错觉，在双色中呈现出人物的形体。《守望先锋》使用的是电竞项目中的英雄"裂空"，而美国职业男篮则是使用执球的男性运动员。从标志设计给人第一印象的角度来说，《守望先锋》向体育职业联盟赛事标志的视觉感受靠拢，会给予用户该赛事是"体育"的暗示，并为其"体育化"与"商业化"的形象奠定了基础。

图3-2　美国职业男篮联赛（左）与《守望先锋》联赛标志（右）设计对比

　　如图3-3所示，该标志为上海出版印刷高等专科学校动漫与电竞系电子竞技运动与管理专业的标志设计。该标志以电子显示屏为核心概念进行设计，其寓意是最早的电子竞技项目的显示器。SPPC为上海出版印刷高等专科学校的缩写，E-Sports则是电子竞技的英文，而Nice是电竞中经常用来喝彩的词汇。

　　如图3-4所示，该图为上海出版印刷高等专科学校动漫与电竞系电子竞技运动与管理专业的工服，为了品牌视觉系统的应用效果，该品牌运用单色，在黑色底色上设计了反白的标志。

图 3-3　上海出版印刷高等专科学校电子竞技运动与管理专业标志设计（设计者：李敏）

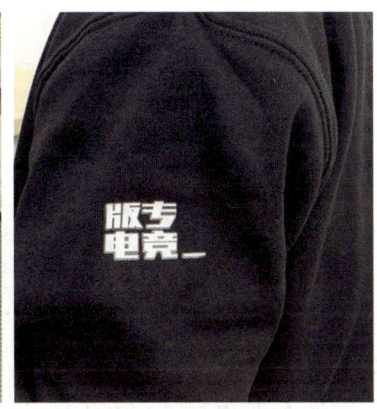

图 3-4　上海出版印刷高等专科学校动漫与电竞系电子竞技运动与管理专业工服

电子竞技品牌的标志设计方式遵循普适的标志设计方式，但又具有电子竞技行业的特点。例如在色彩方面，红、蓝、黑成为应用最多的色彩，金色曾经是应用较多的色彩。对于俱乐部来说，其识别多依赖字母缩写，所以由文字组成或变形而成的标志成为不少俱乐部的选择。图腾的应用也是一种思路，多是和动物、队伍、枪械、盾牌等相关的图形，以下一一详述。

2. 文字标志

图 3-5 为几家知名电竞俱乐部的标志设计，它们都采用了以文字构成电竞品牌标志的设计思路。文字的处理方式略有不同，但是共同点是都在文字上进行了较为尖锐的图形形态处理作为文字笔画的收尾，例如LGD 三个字母的交接处，WE 的 W 起笔与转折，BLG 起笔与落笔；或

字谷的边缘做尖锐的处理，如 RNG 标志中原本圆润的 R 字谷处理成了尖锐形。

相对于 WE 和 RNG 较为简约的文字标志设计，LGD 利用三个字母的组合变体形成了勇者盾牌的外轮廓，并且在此基础上融入了电竞最常用的对抗双方代表色——红、蓝；而 BLG 则使用了其所属平台 bilibili 的品牌色浅蓝与粉红，并通过部分变形使字母的外轮廓产生力量感，字母 B 蓝色线条中所包裹的点赞手势，体现了 bilibili "一键三连"中的点赞。

图 3-5　文字构成的电竞品牌标志

如图 3-6 所示，除了直接使用修饰过的文字作为品牌标志外，将文字做一定的变形也是非常常用的设计手法。例如，左一的 RW 电竞俱乐部标志，将"侠"与三角形、RW 结合，使"侠"成为负图形，这是利用正负图形构建标志的方式。左二的 OMG 俱乐部标志，将 OMG 三个字母变成折角尖锐的三角形，是通过字母变形构建标志。右二的 iG 俱乐部标志，则是重构了 i 与 G 的字母，形成了具有交叠包裹感的标志，其柔软而带有力量的动感也决定了 iG 俱乐部的标志设计代表着这一阶段最受欢迎的视觉风格，甚至与之相结合的"极"字图形的队服也成为粉丝追捧的周边产品。右一 EDG 俱乐部标志则是将文字信息、圆形图底与 EDG 字母相结合。

3. 图形标志*

如图 3-7 所示，LNG、FPX、SUNING、JDG 这四个俱乐部均采用

---

* 作者注：本节列举的部分标志非俱乐部目前使用版本，为曾用版本，本节列举的意图为分析动物图标的设计方式。

图 3-6　文字变形构成的电竞品牌标志

图 3-7　象征意义动物构成的电竞品牌标志 1

过具有象征意义的动物图形作为标志的主体。其中 LNG 的麒麟作为战队重要的符号和图腾，配合 LNG 战队"麒麟云中现"的品牌口号，超然若仙又凶猛异常的形象跃然纸上。FPX 则一直以来被粉丝称为"小凤凰"，凤凰涅槃的寓意也随着 FPX 以 3∶0 夺得 2019 年《英雄联盟》全球总决赛冠军给广大观众留下了深刻的印象。苏宁易购与京东是两家著名的电商，其电竞俱乐部使用电商原有的狮子与狗的形象进行新的标志创作。从品牌管理的角度来说，可以集成一部分现有品牌的特质，并在此基础上延展。例如 JDG 俱乐部的标志就通过增加的角与尾巴增加了狗的攻击性与竞技感。较为遗憾的是 2021 年 SUNING 更名为 WBG，而 JDG、FPX 更换了较为简约的以 JDG、FPX 字母进行图形变形的标志。电竞界以动物作为图形的标志进一步减少。

　　参与《守望先锋》联赛的俱乐部也有不少使用动物图形作为标志的队伍。如图 3-8 所示，成都猎人队、上海龙之队都选择了东方的动物作为代表战队的图形，在图形处理上都通过锐利的边缘处理增强了攻击性与竞技感。成都猎人队将熊猫的眼部调整出尖锐的角度，配合缺了一角的耳朵，表现出了熊猫战士的图形意味。而上海龙之队则使用外轮廓看起来接近盾牌形状的盘龙形,对应了 FPS 游戏的枪械与盾牌的攻守意味。

图 3-8　象征意义动物构成的电竞品牌标志 2

4. 图文标志

如图 3-9 所示,曾经的 DMO 俱乐部与 VG 俱乐部都是采用文字变形与图形结合,即俱乐部名称与动物的形象组合的标志设计思路。设计方式的不同在于,DMO 是将字体本身的图形与龙进行融合,使龙爪、龙头等要素在字母的笔画中出现,更是巧妙地将 O 作为卷起的龙尾;而 VG 则是通过负图形构成的边缘勾勒出豹的形象。在设计执行的难度上,图文结合的标志设计难度大于单纯的文字标志或图形标志,需要有更高的图形理解与处理的能力。一般不建议初学者尝试。

图 3-9　文字变形并与象征动物融合构成的电竞品牌标志

3.1.2 色彩

品牌视觉识别的色彩是基于对情绪、语义、视觉感受等多种要素的分析而选择的。用户可以通过品牌相关色彩的色相、纯度、明度的综合构成感知品牌的质感预期值，进一步识别品牌并深化对品牌的认知。色彩理论是艺术与科学在实践过程中碰撞出的方法论，使用色彩理论可以帮助品牌选择、定义最终的色彩。

1. 色相

色轮由艾萨克·牛顿（Isaac Newton）于 1666 年发明，他将色谱映射到一个圆圈上。色轮是色彩理论的基础，因为它显示了色彩之间的关系。

色相，顾名思义就是色彩的"长相"。色相是色轮上的任何颜色。这里所说的色相是纯粹的色相，它排除了纯度与明度的影响。

如图 3-10 所示，色轮上选择橘色，则橘色为该色的色相。例如，常说的彩虹色赤橙黄绿青蓝紫就是色相。

图 3-10　色相与明度

2. 冷暖

如红色、黄色般能给人温暖心理感受的色彩都被称为暖色。反之，蓝色能令人联想到海洋、天空、冰山，有寒冷之感。如蓝色般能给人寒冷心理感受的色彩被称为冷色。暖色给人热烈、热情、刺激、膨胀、前进、喜庆等感觉，冷色给人寒冷、清爽、收缩、后退等感觉。色彩的进退感是色彩对比过程中"显"与"隐"现象令人产生的距离上的差异。

颜色给人的感受也有正反意味，例如，红色象征正面意义时常指向激情、爱情、能量、热心、激动、力量等，当象征负面意义时则指向侵略性、愤怒、战争、残忍等；蓝色象征正面意义时常指向冷静、学识、睿智、和平、沉思、忠诚、正义、智慧等，当象征负面意义时则指向消沉、寒冷、分裂、冷漠等。

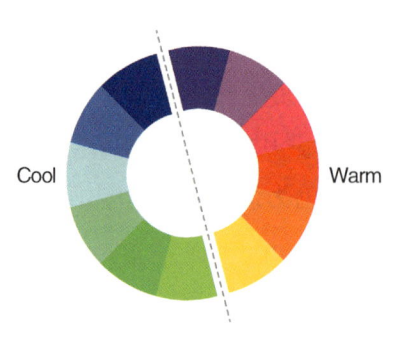

图 3-11　色环

如图 3-11 所示，在色环上，冷暖色较为容易区分。暖色是从红色到黄色的颜色，这些颜色会让人感到温暖，就像太阳一样。冷色是从蓝色到绿色和紫色的颜色，这些颜色会让人感到凉爽，就像水一样。

黑色和白色属于中性色，它们不易分出冷暖，但有明显的轻重之分，黑色能给人厚重的感觉，白色能给人轻快的感觉。

暖色、明度高的色、纯度高的色具有兴奋感；冷色、明度低的色、纯度低的色具有沉静感。配色对比大的色具有兴奋感，对比小的具有沉静感。

鉴于品牌气质与风格，红蓝色是在电子竞技领域尤其常用的色彩，例如，红、蓝常作为电竞赛事中对抗双方的代表色。所以，红、蓝两色常出现在许多电子竞技比赛的赛场灯光及直播的节目包装中，用以代表双方。

图 3-12 为某电子竞技赛事现场中的地图展示画面，现场灯带通过红蓝色彩标示出对战双方。

图 3-12　红蓝双方

图 3-13 为我国知名电竞俱乐部品牌的现用或曾用标志，其中 DMO、eStar、BLG 选择了冷静的蓝色，TES、LGD 与 WE 选择了热情的红色。但值得注意的是，同样的红色、蓝色，其色相、纯度、明度有着细微的差别。

图 3-13　红蓝色电竞品牌标志

3. 纯度

饱和度是色调的纯度，饱和度取值范围为 0%～100% 的百分比值。最高的纯度意味着色彩呈现出色相的最基础色调。0% 纯度的色彩将显示为黑色。纯度高的色彩有明快感，纯度低的色彩有忧郁感。

如图 3-14 所示，纯度最高的红色呈现出饱满的色彩状态，而纯度逐渐降低的红色则沿着图格逐渐向黑色靠拢。我们在日常生活中常用口语表达的"这个红色脏"指的就是纯度不高或者纯度并没有达到观者主观的纯度标准。

图 3-14　色彩的纯度

4. 明度

明度指的是色彩的明亮程度，也被称为亮度或色彩的光量，如图3-15所示。可以将明度想象为色彩受到光照的程度。明度高的色有明快感，明度低的色有忧郁感。一般来说，明度不强的色彩容易给观者重、浓郁的感觉，明度强的色彩则容易令人产生轻、淡雅的感觉。

图 3-15　色彩的明度

由于追求品牌标志的视觉冲击力与传达，电竞品牌在色彩的使用中选择明度强的色彩较少，而更多使用具有冲击力的明度弱的色彩。

5. 联想

色相、冷暖、纯度、明度只是从数学的角度以单维度对影响色彩的要素进行拆解，但一个色彩的多种要素不应该被单独对待，要综合看待。例如，鲜艳、明度高的色彩给人以华丽感，深暗、明度低的色彩具有朴素感；暖色、鲜艳色有明快感，冷色、阴晦色有忧郁感。色彩的明快或忧郁感与色相、明度、纯度、配色对比均有关。这些对于色彩的"定义"虽然是大部分设计师与品牌从业者公认的，但在对于色彩的属性进行"联想"时，必须注意以下几点：

- 色彩的意义是相对的；
- 色彩会给人联想的空间；
- 色彩的选择帮助品牌创建传达信息给用户的途径。

材料的质地是其本身所固有的，不同的质地，通过光与色反映出来作用于人的视觉，使人产生对各种材质的认识，长期在人脑中积累形成各种材质色彩的固有概念与联想。例如，看到黄色，可能会联想到金子、稻谷、燕麦的色彩与质感，这些黄色都是偏暖的，而柠檬的黄色则是偏冷的，这是不同色相给观者造成的细微差异。

如图 3-16 所示，同样是黄色，但是色相不同，明度、纯度存在差异，则展现出不同的质感，也给人带来不同的联想。明度较高、纯度不高但色相偏红色的黄色，让人联想到易碎有粉质感的温柔燕麦色；而纯度高、色相偏暖红的黄色则令人感到浓郁、饱满，让人联想到金色；偏冷调、纯度高、明度处于中间值的黄色则令人联想到酸酸的柠檬。

图 3-16　黄色的不同质感

色彩也有软硬之分，色彩的软硬主要取决于色彩的明度与纯度。明度高的色彩令人感到柔软，明度低的色彩令人感到坚硬；纯度低的色彩令人感到柔软，纯度高的色彩令人感到坚硬。如图 3-17 所示，软的色彩也可以是灰色、蓝色，通过控制纯度、明度，可以使它们看起来很淡雅，令人感受到温柔的一面。所以，色彩的软硬并不是绝对的。

图 3-17　软色彩色盘之一

6. 色彩模式

图 3-18 为 CMYK 与 RGB 色彩模式的对比，现今大部分设计更多的使用环境是互联网，但不少时候仍旧使用传统印刷，所以需要考虑到色彩模式的兼容，要在设计之初就对色彩模式 CMYK 与 RGB 进行区分，在色彩的使用方面要考虑受众的心理，并兼顾该行业的常用准则。

图 3-18　CMYK 与 RGB 色彩模式

在计算机制图中，所有色彩都是通过数据描述的。描述的计算方式被称为色彩模式，RGB、CMYK、HSL、LAB等都是常见的色彩模式。而在设计中较为常用的是 RGB 模式与 CMYK 模式。如果用一句话作为判断的标准，RGB 模式适合数字图像作品，而 CMYK 模式适合印刷作品。

图 3-19 为 RGB 色彩模式，字母缩写分别代表着红色（R，red）、绿色（G，green）、蓝色（B，blue），RGB 是数字图像的色彩模式。设备内的光源通过混合红色、绿色和蓝色并调整强度形成新的颜色，这种模式被称为加色混合，所有颜色都以黑色为起始色彩，然后将红色、绿色和蓝色光叠加在一起，使其变亮并形成最终色彩。当红色、绿色和蓝色光以相同的强度混合在一起时，会产生纯白色。

图 3-19　RGB 色彩模式

RGB 色彩模式可以通过修改软件中三种源颜色中的任何一种颜色的数值来控制目标色彩的饱和度、鲜艳度和阴影等。因为它是以数字方式完成的，所以设计师可以通过调整数据获得目标色彩。如果设计将显示在屏幕上，使用 RGB 色彩模式可以最高限度地保留色彩原本的颜色。

对于电竞品牌的设计成品来说，网站和应用程序的图形、互联网品牌推广、在线徽标、在线广告、社交网络的图片及视觉内容、视频、信息图表等最适宜的色彩模式都是 RGB 色彩模式。

RGB 的最佳文件格式有 JPEG、PSD、PNG 和 GIF。JPEG 是互联网发布 RGB 文件的最常用格式，JPEG 的压缩方式在文件大小和质量之间取得了高效率的平衡，并且它兼容几乎所有浏览器。PSD 是 RGB 文档的标准源文件，非常适合存储。PNG 支持透明效果，更适合需要叠加在其他图形上的图形。GIF 支持动态形式，需要动态效果时此文件类型是比较理想的。

图 3-20 为 CMYK 色彩模式，字母缩写分别代表着青色（C，cyan）、品红色（M，magenta）、黄色（Y，yellow）、黑色（K，black），CMYK 是彩色印刷的色彩模式。

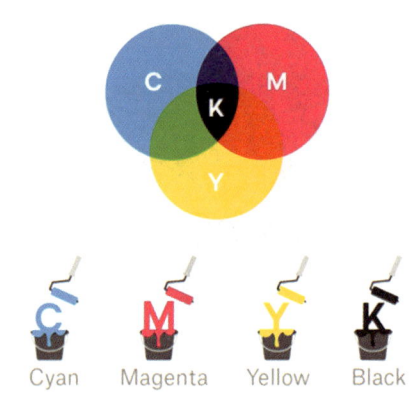

图 3-20　CMYK 色彩模式

CMYK 是一种减色混合色彩模式，印刷机通过物理墨水将不同比例的 CMYK 色彩相叠加来构成图像。所有颜色都以白色作为色彩基础，每一层墨水都会降低初始亮度，并形成颜色。CMYK 应用于传统印刷或数码印刷，而不是在屏幕上查看的设计作品。在建立文件之初就选择 CMYK 模式，可以更准确地获知最终的印刷效果，防止色彩的溢出。这里的溢出指的是在 RGB 色彩模式下选择的部分色彩无法通过 CMYK（或者说印刷）来表现。

如果设计项目的最终目标是印刷品，例如商业名片、贴纸、印刷的广告和广告牌、海报、传单、车辆涂装、小册子、产品包装等，就可以使用 CMYK 色彩模式。

3.1.3 版式

版式是品牌的视觉系统推广中的图形、文本的形状或样式。它决定了图片、图形、文字的组合构成方式，包含图形图像的调性以及字体的字形、大小、字距、行距等。它通过整合的方式排布了信息传达层次，通过信息的分层与特定的组合方式，将信息有架构地传达给用户，这种架构包括不同程度的易读性。出于信息传达的目的，要斟酌标志的字标、标题字体和正文字体的大小等。

版式设计也是通过有机的方式统合所有视觉元素的过程，这也是使平面设计具有生命力的地方，不同的图形、文字大小、摆放位置都能够创造不同的感觉。寻找图形、文字之间内部管理的最佳方案，通过版式制造视觉的动线来讲述故事、传达信息。

1. 版式设计要素

文本、图像、线条、形状、留白都是布局设计时会使用的设计元素。这几种元素之间需要一定的配合，借助一定的技巧满足版式设计的要求，并达到最终的传播目的。

（1）文本。布局设计中的文本块包括标题、副标题、页眉、页脚和段落。在网页设计中，文本还包括菜单和按钮。在自媒体的设计中，文本还包括"关注""阅读更多""展开全文"等功能性按钮的考量。选择不同的排版风格，可以传达不同的情绪，并且可以将不同类型的文字配对以实现不同的效果。

如图 3-21 所示，对于文本来说，字距、行距是非常重要的设计要素，字距即字与字的距离，行距即行与行的距离，它们可以帮助用户更好地弄清楚文字阅读的方向。当字距拉大到一定程度时，观者就会产生点与点的视觉感受；而当行距拉大到一定程度时，观者就会产生线与线的视觉感受。

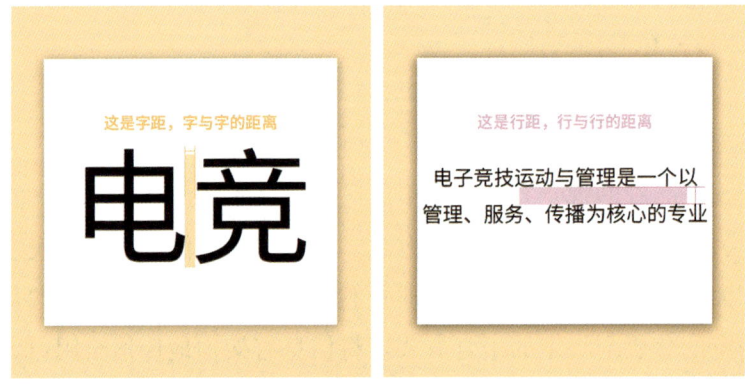

图 3-21 版式设计中的字距与行距

（2）图像。图形设计中的图像包括布局中的照片、插图和信息图表。大图像可以吸引观众的注意力并在没有文字的情况下传达信息。

图形是除了标志之外另一个能够概括视觉识别系统的非文字内容，图形包括几何图形与自然图形。摄影与视频内容都是一个品牌的视觉识别系统的构成部分，它们在广告中充当品牌鲜活"形象"的代言人。在使用图形图像时，最重要的是传达品牌的核心意义与树立品牌的正确形象。例如，无印良品时常使用空旷的野外与平直的地平线组成的图形，借由空旷平直的视觉感受传达简单与自然的品牌内涵。

代言人也是重要的品牌识别"图形"。除了代言人的精神内核之外，从视觉心理学角度上来讲，由于用户会对人类面孔产生共鸣，自然希望看到喜欢的人在他们消费的品牌中出现。这是通过代言人与用户"交谈"的途径。

实物也是有助于品牌视觉识别传达的物理对象，是图形的一部分。例如，店铺的招牌、内部的陈设装潢等。严格来说，只有仅在线上营业的品牌可能不拥有实物资产，但网站、APP 的视觉风格也在一定程度上成为重要的图形，虽然线上线下的差别导致图形资产的性质有所不同。实物是实体品牌视觉识别的重要元素，也是视觉识别系统重要的组成部分。

(3)线条。线是指空间中两点连接的方式。无论是水平线、对角线还是垂直线，线条都可以帮助观者将视线引向构图中的某个点，它们还可以在布局的部分或视觉元素之间绘制边界。

图3-22为上海出版印刷高等专科学校2021级电子竞技运动与管理专业学生创作的个人主题海报。其中使用的交错的线限定了海报中的区域和视觉重点，成为海报重要的视觉元素。

图3-22　个人海报
（设计者：王语轩）

(4)形状。在最基本的形式中，形状是被轮廓包围的二维区域。形状有两种：其一，来自自然的有机形状，例如叶子、水滴、云朵等；其二，非自然的几何形状，以及代表自然界中事物但不能完美代表的抽象形状，例如三角形、梯形、长方形、正方形等。形状可以丰富版式，如将图形元素添加到页面、突出显示文本或描绘其他视觉元素的空间。

(5)留白。版式设计中元素之间的留白与视觉元素本身一样重要。元素周围的空白可以引起人们的注意并使元素更加突出。留白也肩负着营造负空间的任务，这也是中国古人在绘画中非常重要的智慧。

2. 版式设计技巧

(1)对齐。对齐是指设计师将设计的不同元素相互排列的方式。对齐可以在设计中重复要素以建立图像的一致性，使其更容易在读者的眼中成为一个整体。而对于文本，设计人员通常会在边缘对齐，按照文本设计的基本习惯沿左边线或右边线对齐文本，或居中（即沿设计中心线）对齐文本。

人的心理特性决定了人在大部分情况下喜好对齐的、整齐的事物，这给人带来秩序感与平静感。这部分非常好理解，即使是从没有做过设计的普通学习者也可以通过 Word、PowerPoint 等办公软件理解对齐的概念。不少时候也需要根据不同语言的行文习惯设置首行缩进、首字母大写等。在专业的设计软件中，最常见的对齐管理方式是使用如图3-23所示的对齐面板。

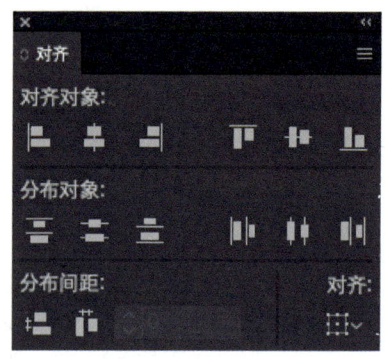

图 3-23　对齐面板

（2）视觉层次。良好的布局设计可以在视觉上组织信息的层次结构，强调图像中最重要的焦点。层次结构可以按顺序引导用户完成获取相关图像、信息的视觉流程。通过调整大小、颜色、对比度或位置，可以突出显示布局中重要元素的层次结构。

图 3-24 为一张课程示例海报，该海报在设计之初拥有的素材只有一张教师本人照片及一个本专业标志，文字稿若干，在对文字稿梳理层级之后得出表 3-1。

表 3-1　文字稿信息层次梳理表

重要等级	内容信息
最重要	课程主题
次重要	课程时间
次重要	课程入口二维码
再次重要	教师介绍
不太重要	课程所归入项目名称
不太重要	项目口号
不太重要	专业标志

在设计中根据表3-1规划相关信息的位置、所占面积、字体。表3-1自上而下位置从中心到偏远，面积从大到小，字体从着重到不着重。这是利用表格进行信息梳理最终达成视觉层次规划的方式，也是较为理性的设计方法之一。

（3）对比。这里的对比可能是形状的对比，也可能是颜色的对比，甚至是肌理的对比。如图3-24所示，海报使用了平直的几何形黄色色块与灰色的波浪形细密排布的线条，这本身是一种形状上的对比。再如，图3-22王语轩个人

图3-24　课程示例海报

海报也使用了强对比的荧光绿与荧光紫，使得海报第一眼就能引起观者的注意。使用对比鲜明的设计元素，或不同类型颜色或肌理的要素进行版式设计，有助于融合不同的风格和情绪，打造原创、独特的产品。

（4）平衡。视觉平衡是指按一定原则将观察的客体对象各视觉要素（视觉中心、视觉重心、视觉重量）给予应有的地位，从而达到各要素的关系合理、协调，具有平衡感的视觉效果。在版式设计中，可以通过对称或平衡的不对称排列，来寻找平衡页面上视觉信息的方法。图3-25为刘顺美同学所设计海报，版式中，口号居左，大赛时间信息居右，而赛事名称在下居中，奖杯略微倾斜，在重力感上达到了微妙的平衡。

3. 版式设计流程

版式设计其实没有特别固定的流程，但有些工作可以分步骤完成。

图 3-25　某职业联赛夏季赛海报（设计者：刘顺美）

相关步骤也只是按照前人的设计经验获得，这里给出一个较为灵活的方式。可以按照图 3-26 提示的版式设计的流程进行深入，当熟悉这一流程后，可以局部打乱顺序，按照自己的设计方式进行。

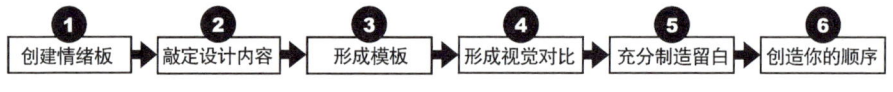

图 3-26　版式设计的流程

（1）创建情绪板。创建情绪板是一个非常好的排版习惯，在开始设计之前先寻找相关的素材，例如图形、文字、图像等，制作灵感拼贴或情绪板，并确定页面布局、调色板、大致排版以及如何安排信息层级的想法。可以在设计过程中对照情绪板来帮助自己达到想要的效果。

如图 3-27 所示，该情绪板示例就是在制作一个电竞对战板之前对于版式和风格进行的拼贴，从网上找到与目标感觉类似的素材，把它们放置在一个页面上。

图 3-27 情绪板示例

（2）敲定设计内容。首先，要考虑设计内容的用户及设计本身要给用户带来的感受，例如激烈的、新奇的、电子的，或是平缓的、大气的，定下表现的基调可以帮助设计者选择合适的素材。在这一步如果遇到困难，可以返回上一步寻找解决方法。其次，如果需要大段的文字排版，要仔细阅读文章，思考如何融入相关的设计概念与图形，并对文字进行分块。最后，也是非常重要的，如果版式设计与已经成型的品牌有关，此时需要思考如何正确地使用品牌视觉识别系统，融合品牌相关元素。

（3）形成模板。这是一种具有延续性的设计思维，固定某品牌或某主题的若干设计模板，并在之后设计中应用，这样的思维不仅保证了品牌视觉输出的稳定性与统一性，还能帮助设计小组及相关的市场营销部门提高工作效率。现在有不少在线模板，可以使用、修改或从中学习到相关的模板设计技巧。

也可以采用骨骼设计的方式。骨骼设计是一种版式设计时统合元素的好办法,它就像是一个个小篮子,把文字和图片内容放进骨架就能帮助设计者在一定程度上简易地完成相关的规划。

如图 3-28 所示,该图中的"GRAND FINALS"版式就是一种模板式的设计,例如,2019 年可能在此基础上修改日期,而版式不变。但模板不可能永远不更新,正如游戏版本不可能永远不更新一样,在品牌需要有所改变的时候,模板就会随之改变。

图 3-28　某电竞赛事的决赛大屏

(4)形成视觉对比。一成不变的设计可能会让用户感到乏味,因此设计者需要不断在图形、图像、文字设计排版中寻找惊艳感,以便吸引用户的注意,并引导用户获得相应的有效信息。这些令人惊艳的点可以是颜色、排版、形状和平衡的对比等。对比的要点已在前文详述。

(5)充分制造留白。使用经过深思熟虑的负空间,也就是空白,可以给饱和的版式营造更多的视觉韵味。如果版式设计看起来有点拥挤,可以尝试极简主义的方法,减去一些不必要的元素,缩小一些不重要的元素,营造"透气"的版式效果。

3.2 电竞品牌的语言管理

3.2.1 品牌语言

1. 品牌理念

品牌理念是品牌价值与品牌形象的浓缩，它往往和品牌的视觉识别系统一起与消费者进行沟通，语言的描述可以帮助用户识别品牌，并感知品牌所传达的价值。品牌理念被看作品牌形象的一部分，可以适用于品牌营销的各个方面。

从意义角度来说，口号更多地对外产生影响，而理念虽然与口号一样传达给用户，但更多引起的是用户内心的思辨，这是一种神奇的化学反应。品牌理念是极少变化的品牌核心价值的体现。很多时候用户所购买的不仅是产品本身，更是产品背后制造它的主体所有的世界观与价值观，品牌通过理念传达，与用户形成认知上的统一，不少口号也在努力地传达着品牌理念。

例如，小米的经典口号"永远相信美好的事情即将发生"，就是一个正向的、对于未来充满希冀的正面价值观表达。再例如，APP下厨房十年前的口号"是谁来自山川湖海，却囿于昼夜，厨房与爱"，更像是一个初创的APP对于人间烟火味的深刻体会，而如今的口号"唯有美食与爱不可辜负"则彰显着一种可爱的执着。理念是用来和用户共振的，当用户读到一个品牌的理念或是由理念外化成的口号时可以会心一笑，这时候，用户和品牌的链接已经构建完毕了。

2. 品牌词

在管理品牌语言时，品牌词和品牌语调是两个基本组成部分。品牌词是在营销或广告中使用的词汇，而品牌语调是指广告的态度。

品牌词的主要功能是识别公司或产品，它可以描述产品特性，也可以描述公司愿景。

其一，品牌词可以帮助一家公司或其产品与竞争对手区别开，可以是专属的名词等词汇，也可以是品牌特性相关的词汇，这些词汇可能关乎品牌的产品特质，也可能形容产品的精神内核。例如，干净、卫生等词汇可以作为洗化产品的品牌词，这形容的是产品特性。再例如，《王者荣耀》相关赛事的项目中的王者、峡谷是与产品本身特质紧密连接的，巅峰、热血等则是对于产品精神内核的词语化触达；《守望先锋》的守望、英雄等是关乎产品精神内核的。

其二，引起用户注意，例如2022年《英雄联盟》职业联赛夏季赛的口号"无畏竞巅峰"中的无畏与巅峰都是非常具有力量感与冲击性的词汇，其传达的热血与激烈对抗的感觉可以直接吸引用户的关注，并传递给用户相应的感受。

总的来说，品牌语言是通过语言介质对品牌进行管理的方式，也是品牌与消费者沟通的语言媒介之一，它可以使品牌所提供产品的特性与用户的角色标签更加清晰。

值得一提的是，品牌的社交媒体内容需要对应相关的品牌词，还需要更加凝练，并进行反复强化，以增强用户对品牌的印象。这就需要在最初的规划中对于品牌词进行系统化的管理并设立相应的数据与内容标准，方便品牌团队的写作工作并保证输出内容的延续性。

3. 品牌语调

品牌语调是品牌语言识别的一部分，包括公司及其销售的产品的命名以及标语、独特的措辞和语气。管理品牌语调还有一个好处是使公司或产品能够跨越国界被识别，文字可以被准确翻译以确保品牌统一。

品牌语调可能是非常青春活泼的，也可能是成熟低沉的。

例如，不少电竞领域的自媒体在发布内容时就非常善用诸如"各位铁子们"这种带有戏谑语气的互联网称呼，创造出一种亲切、非正式的品牌语调。社交媒体文案、视频或音频透露出来的轻松的用语感受就是品牌语调。

再例如，对于一些流行语的运用，"我真的栓Q"，意为"我真的谢谢了","栓Q"是"thank you"的异化发音。这种异化的中、英文用语对于部分用户来说可能很难理解，会使其产生隔离感。但这种隔绝给予了部分用户归属感或是专属感。这种心理暗示提供给了用户该品牌这样行文、对话是专门说给"我"听的感受，也就是所谓的"同一类人，在同一个社交环境下，使用同一种语言进行交流互动"。这与模因传播类似，是一种由封闭到开放的传播方式。

更例如，不少游戏自媒体或者主播都会自称"下饭"，就是所谓的打游戏"菜"，这个思维转换就让梗多出了一个传播的转折，更提高了信息传播过程中的理解难度，将可以接受信息的用户圈定在了更小的范围内。

以上所提及的语言运用案例可能存在一定的争议，它们可能不符合汉语言及文字应用的标准，但在以互联网为基础的传播环境中，它们的语言生命力是不可小觑的。

从构建共同语言与词汇的角度来看，同一个游戏的玩家、同一个电子竞技项目的观众代表着认同同一价值观的人群，即共识。在达成共识的基础上，用户不断构建着只有该群体才听得懂的语言。这就决定了品牌在营销过程中的用语甚至是美学倾向都要以用户的共识作为核心。

人格化也是重要的品牌语调，例如，品牌自称小某、某某君、主页君等，都是一种将媒体人格化的方式。这使用户感受到的是与"人"的对话而非与一个组织、商业体的对话，用户在接收信息时会更加地开放，减少对于商业体的戒心与不信任感。

3.2.2　品牌口号

口号是在民族、政治、商业、宗教和其他环境中使用的令人难忘的格言或短语。牛津英语词典将口号定义为"广告中使用的简短、引人注目或令人难忘的短语"。作为一种想法或目的的重复表达，口号的目的是说服公众或更明确的目标群体。品牌口号应该能够传递企业或产品关于精神、理念、品牌等方面的认知，可以根据战略调整。口号要易传播、易理解、定位清晰。

对于品牌口号来说，它仅仅服务于品牌这个"概念"。这里要明晰的重要概念就是品牌营销与直效营销之间的差别。简单来说，品牌营销是以提升品牌的美誉度、加深用户印象或开发潜在消费者为目标的营销行为，是品牌管理的一部分。而直效营销则是以促成销售作为最终目标，例如，在资讯 APP 或社交 APP 中出现的广告，就是可以引导用户直接购买的直效营销。

如图 3-29 所示，该图为杨晓文、王子豪、王蕊、陈溪、赵佳、常方圆共同策划的一场为听力障碍人士举办的以《英雄联盟》为项目的电子竞技赛事的海报。在策划该赛事时，团队首先寻找关键词：电竞、竞赛、无声、静默、英雄等。然后对口号要传达的意义进行定向：静默的也是英雄，无声不会阻止竞技。之后根据这些方向，进行排列组合写作，产生了三个备选口号："静峡谷，竞英雄""静默之竞""声无止竞"，第一个口号在传播上不够响亮，第二个则气势不足，最后选择了第三个作为最终的口号并制作了海报。

图 3-29 "声无止竞"海报

值得一提的是，在口号写作的时候，可以在语序上进行句式的组合创新。在创新的时候可以使用肯定句，也可以使用否定句。

撰写口号的时候，头脑风暴是非常好用的方法。当一群人围绕一个特定的兴趣领域产生新观点的时候，这种情境就叫作头脑风暴。由于团队讨论使用了没有拘束的规则，人们能够更自由地思考，进入思想的新区域，从而产生很多的新观点和问题解决方法。当参加者有了新观点和想法时，他们就大声说出来，然后他人在提出的观点之上建立新观点。所有的观点被记录下来但不进行批评。只有头脑风暴会议结束的时候，才对这些观点和想法进行评估。头脑风暴的特点是让参会者打开思路，使各种设想在相互碰撞中激起脑海的创造性风暴。头脑风暴可分为直接头脑风暴法和质疑头脑风暴法，前者是在专家群体决策基础上尽可能激发创造性，产生尽可能多的设想的方法；后者则是对他人提出的设想、方案逐一质疑，发现其现实可行性的方法，这是一种集体开发创造性思维的方法。可以找一个白板或一张白纸写下大家的想法，并进行润色，最终完成口号的撰写。

1. 阐述产品功能的口号

撰写功能式口号的时候，可以思考与品牌有关的词汇，可以从产品特点、产品功能出发，也可以从目标用户的特性、品牌的世界观与理念出发。

饿了么APP的品牌口号"饿了别叫妈，叫饿了么"就对于"饿了么"这样的问句样式APP名称进行了拆解与延展写作。首先找到了"饿了么"与"饿了妈"的相似发音关系，在二者可以产生相似句式替代的情况下写出了精彩的口号。

知乎的品牌口号"有问题，就会有答案"用一句大气平和的陈述句表达了"在知乎，不论是什么样的问题都会有答案"，且强调了二者之间近乎于自然发生的因果关系，显示了知识的广博与问题对知识疆域拓展的刺激，非常有趣。

2. 突出产品特点的口号

拼多多APP的口号"拼得多，省得多"，并非从阐释产品功能出发，而是着重点出了它与竞品之间的差别与最大优势，即便宜。在语构方面用了暗示性的双短句，直接指向"拼得越多，省得越多"，而且用"省"体现了节俭、节省的指向，并没有直指便宜，与廉价、便宜等词汇的意义关系做到了一定程度的区隔，避免了消费者使用时产生"我是贪便宜才使用这个APP"的心理暗示。

3. 给予用户承诺的口号

作为产品与品牌，满足用户的期待可能是成功的最短路径，也是不少企业运营者的终极目标。

支付宝APP作为知名的金融与支付APP，安全是用户的第一需求，也是用户最需要得到的承诺，"支付宝，知托付"这样的口号就精准对应了用户需求，也展现了支付宝作为金融与支付综合性服务商所提供业务的多样性，即不论是理财、支付还是借款，都值得"托付"。口号也为APP不断扩展的业务线提供了被包容的空间。

4. 展示品牌哲学的口号

在消费品日益多样化的全球市场影响下，不少用户在做消费决策时会更加深入地考量品牌与产品的世界观与理念是否与自己相同，或者说是否可以代表自己的生活态度。从商业角度来说，很多时候用户认可一个品牌的哲学或世界观，是因为在某种程度上它是自身哲学的映射。例如健身APP Keep的口号是"自律给我自由"，实在是写进了每一个为了各种目标而运动的用户心里。每个人都有运动的理由，不论是减肥、健康、壮硕还是更高、更快、更强。运动并非人类的天性，虽然部分人最后会从运动中获得上瘾般的快乐，但克服起初的痛苦还是需要自律和决心的。与之相反的自由点出了运动的精髓，不自由是为了更加自由。

小米的口号"永远相信美好的事情即将发生"则是保持着对生活最美好的希冀和努力向上的态度，在小米初创阶段感召了无数与他们一样对生活充满了美好期待的年轻人。

5. 电竞品牌口号

表 3-2 为电竞品牌相关的口号，电竞品牌由于其特殊性，时常在赛事或俱乐部口号中呈现出以下几种写作思路。

表 3-2 部分电竞赛事口号一览表

赛事名称	口号
2022《英雄联盟》职业联赛夏季赛	无畏竞巅峰
2021《英雄联盟》职业联赛春季赛	登场破万象
2020《英雄联盟》职业联赛夏季赛	ALL WE FIGHT FOR
2019《英雄联盟》职业联赛春季赛	ALL WE FIGHT FOR
2021《英雄联盟》全球总决赛	不破不立
2020《英雄联盟》全球总决赛	所向无前
2019《英雄联盟》全球总决赛	新生不息
2021《王者荣耀》职业联赛春季赛总决赛	决胜！新十代
2020《王者荣耀》职业联赛秋季赛	重回主场，听我呐喊
2020《王者荣耀》职业联赛春季赛	该我上场
2019《王者荣耀》职业联赛秋季赛总决赛	一起上场一起赢

（1）凸显积极向上、主动、努力奋发、无所畏惧、新时代、新生等特质，在用词上呈现出宏大的格局与语言表述方式。

（2）展示电竞领域的竞争性及极强的对抗感。在不少电竞品牌口号的写作中常有输赢、胜败、新旧、改变等类似意义的语言，体现了赛果难料、瞬息万变的电竞赛事精彩格局。

（3）对于力量的描述也是电竞口号常用的写作思路，尤其是具有力量的号召性词汇。"听我这样"的祈使句构成方式，或是"该我这样""以我为中心"的描述方式都是具有力量的。动词则使用"呐喊"等具有画面感的词语，或是"不破不立"这样具有力量的词汇。

（4）对于团结、合作的集体精神的呈现，也是对于电子竞技另一个侧面的描述，例如"一起上场一起赢"等。

最后，还有故事性的口号。例如 iG 俱乐部非常具有知名度的"翻山而歌"是在 2018《英雄联盟》全球总决赛阶段的一个口号，这个口号用一句话便描述了一个逆袭的故事，也代表着电竞品牌行业中口号写作及相关内容整合营销的顶尖水平。

3.3 学习任务：电竞品牌构建

1. 任务目标

（1）能够基于对品牌的理解，通过参考资料、使用部分素材，绘制出具有部分独创性的品牌标志，在学有余力的情况下设定配合的辅助图形。

（2）能够基于对品牌的理解，筛选词语并构建句式，撰写出具有传播性的品牌口号。

（3）将口号与品牌标志、图形进行融合，拼贴出一个简单的海报。

2. 任务背景

（1）以自拟的电竞俱乐部、战队、赛事或游戏品牌为主体，为其设定品牌理念，并撰写符合品牌理念的口号。

（2）以自拟的电竞俱乐部、战队、赛事或游戏品牌为主体，创作标志，在力所能及的情况下可以对视觉识别系统进行设定。完成标志与主视觉（key vision，KV）的设计。

（3）制作单幅海报，要融合口号、标志与主视觉，并将以上所有要素以海报形式综合展现。

3. 任务步骤

（1）撰写口号并制作品牌标志，分别保存于 Word 文档，标志需使用矢量文件绘制，一般使用 Adobe Illustrator。如不熟悉该软件，可以使用 Adobe Photoshop，但需满足不低于 300 dpi 的分辨率，色彩模式为

CMYK。

（2）制作海报，尺幅为 A4，色彩模式为 CMYK。其画面分辨率不低于 300 dpi，作品提交格式：PNG、JPEG、PDF 均可，文件不超过 20 MB。

4. 任务案例

图 3-30 为王语轩同学为 2022 某夏季赛事制作的海报，并撰写了非常具有夏天意味的口号"骄阳无惧　奋勇向前"，并且使用镭射元素与黑色作为海报的主要视觉要素与色彩。作品要素完整、构图均衡，用色统一且具有对比性，为该任务的优秀作业。

图 3-30　品牌海报设计（设计者：王语轩）

3.4 练习与思考

1. "赛证融通"测试题

（1）任务：

策划案概述：某学校在端午节前后即将要举办一次以端午为主题的校内电竞赛事，电竞赛事项目为《王者荣耀》。赛事要突出青春、端午和赛事项目本身的特色。

请依据电子竞技运营策划案概述的内容、风格等，完成相应的宣传海报设计工作。

（2）时间：

时长为 2 小时，必须在规定时间内完成作品。

（3）具体要求：

① 海报与策划案信息保持一致。

② 设计风格与策划案保持一致。

③ 关键信息清晰且突出。

④ 整体效果符合电竞比赛属性。

（4）作品提交：

① 提交成品仅包含 PSD、JPEG 格式的文件。

② 海报尺寸均为 1920×1080。

③ 文件储存命名与格式为：海报.jpg；海报.psd。

2. 课后思考

某位设计师评价国内电竞俱乐部的视觉识别系统的设计思路较雷同，从色彩到设计模式都非常遵循一定的"传统"，你怎么看待这个问题？

模块 4
电竞品牌的营销与传播

知识目标

(1) 理解电竞品牌营销的特殊性,即品牌的内容化、营销的跨界化、衍生品的实物化等;理解电竞品牌传播的特殊性,即模因传播的原理,以及信息通过用户社区、垂直媒体、关键意见领袖、关键意见用户传播。

(2) 掌握电竞品牌营销方式,包括事件营销、内容整合营销以及来源于互联网思维的用户体验营销。

(3) 掌握内容整合营销中内容投放逻辑及其相关时间节点、平台选择等基本操作要素。

4.1 电竞品牌营销的特殊性

电竞品牌营销的特殊性表现在：其一，不同于满足日常生活需求的产品品牌，比如买一块香皂马上就能把手洗干净，电竞品牌是无形化的，电竞赛事的产品是一场值得品味的精彩赛事，游戏版权方的品牌是通过持续制作与运营游戏，给予用户愉悦的感受。电竞选手或主播的个人IP是摸不到的品牌，其所提供的可能是一场比赛、一段视频、一个见面会或是一个激动人心的故事，甚至是电竞史上一个伟大的战队或电竞选手。电竞产业的消费品及其消费流程自有其系统。在电竞营销中，内容化、跨界化、实物化成为非常重要的手段。其二，在电竞品牌的营销领域，所谓的"信仰充值"占主流，也就是"情感消费"，大部分的购买行为出自情感链接。

4.1.1 品牌的内容化

如图4-1所示，电竞产业的产品既有2B（to business），也有2C（to customer）。该分类较为宏观，仅仅将大类进行梳理，其中包含了电竞项目品牌、电竞赛事品牌、电竞俱乐部品牌、电竞从业者品牌等多种品牌的消费流程。

消费赛事内容是电竞产业中最重要的部分，也就是所谓的"观赛经济"。在赛事内容的制作过程中，参与方与主导方主要依靠不同赛事的商业性质决定。但赛事内容、衍生内容的制作及相关内容的传播与分发都是"观赛经济"重要的组成部分，即图4-1中显示的赛事执行、内容制作、内容传播这三个模块。不少电竞品牌的崛起都是依靠品牌内容的输出，其中赛事、主播的内容成为主流。

近些年，转播权的出让成为大型电竞赛事财务报表上最亮眼的部分。目前电竞赛事品牌的成熟及其影响力的日益扩大，让随着时间流逝

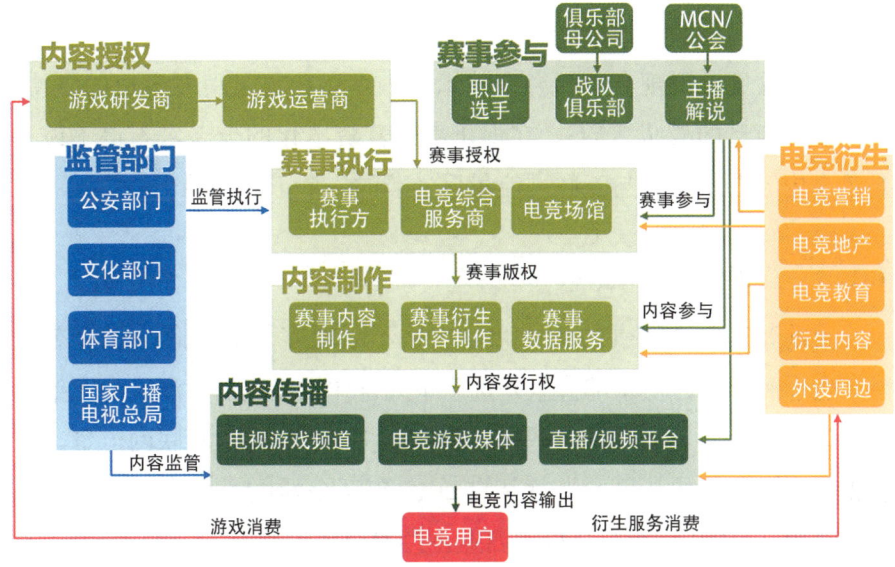

图 4-1　2022 年中国电竞产业链示意图（资料来源：艾瑞咨询）

的精彩赛事不仅仅成为可以被即时传播的内容，而且成为能够不断被重播、反复品味的影音内容。另外，可切换不同视角的观赛体验也突破了传统体育比赛的限制，令整个赛事内容变得更有看点。

近年来，不少职业联盟赛事在明星表演赛与现场的表演中不断增加看点，也吸引了更多的非玩家群体成为电竞边缘用户。随着用户规模的不断扩大，赛事品牌凭借优质的内容获得了巨大的影响力与转播权收益。

例如，哔哩哔哩在 2019 年末斥资 8 亿元人民币拍下了《英雄联盟》全球总决赛（S 赛）未来三年（S10～S12）中国区的独家直播权。这是通过购买赛事的内容权益来获取分发利益的商业模式。这与《英雄联盟》项目的电子竞技品牌、全球总决赛的用户号召力密不可分，从赛事的商业价值来看，影响力是赛事商业价值的基础，也是品牌在内容售卖中的价值核心。

对于电竞媒体与个人媒体品牌来说，近些年来也有不少将个人品牌内容化、标签化之后成功商业化的案例。例如，主播张大仙就凭借在内容创作的过程中耐心地教授用户游戏技巧、在团战中保持较好的情绪控制且用语文明、展现自身的游戏技术与幽默感获得了很多用户的支持，并创建了自己的战队 XYG。在俱乐部运营资本化的今天，不得不说这是依靠内容获得用户与互联网流量后逆袭的一个正面案例。

4.1.2　营销的跨界化

目前赞助电竞赛事的品类和品牌数不断增多。赞助商除了冠名赞助，也会和赛事、俱乐部甚至是选手个人合作推出更加有深度的营销内容与联名商品。其中，肯德基的营销不仅获得了较高的互联网流量，也获得了营销业界的认可。肯德基自 2015 年至今的电竞合作不仅获得了声量，更在 2019 年获得金投赏商业创意奖全场大奖。

肯德基营销的核心创意以 KI 上校这一形象展开，使用一套 AI 算法来预测获胜者。肯德基与数据公司 PentaQ 合作，为每个战队创建一个基于所有历史数据和实时数据的算法，根据游戏统计数据实时预测谁将赢得比赛。

肯德基通过一系列的内容营销方式在赛事直播过程进行形象的展露及口播，在内容方面使用微博等社交平台进行"病毒式"传播，甚至是赛事期间在一些主播、选手的直播间中进行内容与活动的广告植入。肯德基在品牌形象联动方面不断推出不同的上校形象，例如在 S8 应用的是数据官与福利官的形象，S10 使用了 AR 形象，S11 则使用机甲形象。

如表 4-1 所示，近些年，奢侈品渴望吸收新的用户，年轻化的品牌诉求也逐渐增强，不少一线奢侈品牌与游戏、电竞行业展开联名合作。不少品牌都与知名的电竞项目展开合作产出相关的虚拟物品，例如皮肤、在游戏内建立小游戏或相关的场景。这成为一种新的跨界营销形式。跨界营销可以激活双方品牌的用户，产生有效的用户流动与留存，并且赋予数字娱乐与消费品新的文化意义与文化符号。这是营销领域与电竞不断磨合的结果，也是商业发展的必然。

表 4-1 部分奢侈品牌的游戏/电竞合作

品牌名称	实体联名产品	虚拟联名产品	原创游戏	电竞合作计划	赞助/代言
Gucci	Fnatic 手表	Drest 皮肤	《罗布乐思 Gucci 小镇》	Gucci 电竞学院	
	100 Thieves T 恤		《Gucci Arcade 游戏画廊》		
Louis Vuitton	《英雄联盟》冠军收纳箱	《英雄联盟》皮肤	《Louis: The Game》		《最终幻想 13》
		《英雄联盟》饰品 AR 滤镜			
Prada		《极限国度》皮肤			《最终幻想 Squra》
Burberry			《B Surf》	Twitch	
Armani					Mkers
Dior				Twitch	TES 选手 喻文波
					TES《英雄联盟》分部
Balenciaga			《后世：明日世界》		
Hermes			《H-pitchhh》		

另外，在文学与艺术方面的联动营销，也有不少案例。例如，《王者荣耀》作为一个具有良好群众基础的电子竞技项目 IP，在 2021 年与同为腾讯旗下的阅文集团开展了共创活动，该活动被命名为"妙笔计划"，其邀请 25 位作家，作家基于《王者荣耀》世界观和英雄设定，创作了 28 篇共创小说。这个合作基于同一集团旗下的不同领域业务群展开，在这样的 IP 运作下，双方可以共享流量、收益，这是非常常见的品牌营销模式。围绕游戏 IP 制作的综艺节目也是非常重要的品牌内容之一。

4.1.3 衍生品的实物化

电子竞技项目或电子竞技赛事作为无实物形态的品牌，其除了数字内容，更需要有实物化的衍生品。虽然衍生品在经济价值方面稍显薄弱，赛事、俱乐部、选手不以其作为最终的收入手段，但对用户来说，拥有一件或几件衍生品，摆放在现实世界的居所、办公桌上，是一种非常奇妙的表达自己喜好的途径，也就是所谓的突破了游戏的"次元壁"。

与电子竞技项目、赛事、俱乐部 IP 相关的手办、日用品、战队队服等都是粉丝经济盛行的今天非常流行的衍生品。以游戏中人物形象制作的手办、带有标识和口号的衍生品将虚拟的 IP 精神实物化，是一种"无用之用"的商品。附带纪念性质与社交属性的衍生品品种众多，钥匙扣、项链、服装甚至是游戏的退役刀片服务器都可成为纪念品。电竞品牌的周边产品可能并不赚钱，但它本身可以作为电竞品牌在物理世界的具象化与实物化媒介。衍生品实物化是另外一种品牌营销、二次传播的渠道。

图 4-2 为《魔兽世界》退役刀片服务器，服务器售价几千元，上架

图 4-2 《魔兽世界》退役刀片服务器

之后被《魔兽世界》玩家一抢而空。电竞或游戏的实物化衍生品并不仅仅是一个摆件，可能寄托的是玩家的情感。想象曾经在《魔兽世界》生活的数据也许在这片服务器上运行过，玩家就会感受到情感的链接。

普鲁塔克（Plutarch）提出过一个哲学问题：如果忒修斯船上的木头被逐渐替换，直到所有的木头都不是原来的木头，那这艘船还是原来的那艘船吗？这类问题被称作"忒修斯之船"问题。有些哲学家认为是同一物体，有些哲学家认为不是。也许数据不会是对应的数据，但是玩家可能会为这些情感买单。

消费俱乐部，指的是俱乐部的品牌赞助、选手代言与直播、赛事奖金、俱乐部周边产品等。目前国内不少俱乐部从账面上来看并不盈利，这与市场与用户正在成长有着密切的关系。

总的来说，电竞赛事品牌卖的是赛事的版权、赛事相关的 IP、赛事的赞助权、门票，这都是与电竞品牌息息相关的。而与之相关的俱乐部则同样依靠自身品牌售卖选手代言与直播、接受品牌赞助、售卖品牌周边等。

电竞品牌在用户心中的"虚拟的位置"决定了用户为实物或非实物产品支付的冲动。构建用户基础与流量转化是品牌营销层次定位的最终目的，虽然落地在产品，但更要考虑的是用户在消费的时候究竟消费的是什么。电子竞技品牌既不是为了满足使用功能而生的"3C 产品"，更不是能满足人体营养需求的食品饮品，用户在消费的时候更多消费的是体验与情感。观赛是体验，购买在线直播赛事的 OB 视角是对于体验的扩充；买一件自己喜欢选手的战队服装，买一件电子竞技项目相关的周边产品，小到钥匙扣，大到退役刀片服务器，都能满足用户情感的需求。产品性质与用户特性决定了电子竞技品牌营销层次的定位是情感与体验，这种定位层次就需要品牌与用户之间的情感链接更深、更紧密。

构建用户对电子竞技品牌无法割舍的喜爱，可以令电子竞技品牌与用户之间紧密结合，使用户成为"死忠粉"。这样不仅可以获取销售额，同时由于电子竞技品牌与互联网密不可分，喜爱更可以使之与用户之间产生巨额的流量交互，为之后的品牌传播层次的定位打下基础。

4.2 电竞品牌的传播特殊性

由于电子竞技赛事目前仍不能在上星卫视进行播出，所以电子竞技赛事的直播、转播往往是以线上媒体、直播平台的播出为主。这种特定的内容分发形式决定了电竞品牌营销的传播形式——以互联网、移动互联网作为传播的底色。这样的传播渠道对于大部分电竞用户来说并不是壁垒，这是由于目前的电竞用户大部分是互联网第一代移民（即 20 世纪 70 年代与 20 世纪 80 年代左右出生的人群）与互联网原住民（即 20 世纪 90 年代及其之后出生的人群）。

在互联网语境下的电竞品牌需要一些独特的传播方式，这不仅仅是传播路径的规划，很多时候也是媒体内容的规划。在这个过程中，电竞品牌的营销不断适应时代的语言与传达范式，在此范式下呈现出不同的传播方式。

4.2.1 精准传播

精准传播不仅是渠道的精准传播，还涉及内容的精准传播。精准传播或精准营销本身追求的是传播效果，以传播目的作为最终的考量并设定传播路径与传播模式。例如，在互联网并不普及的时代，电话营销、电子邮件营销等方式也可被称为精准传播。但在互联网与移动互联网传播异常成熟的今天，精准传播有了更新的渠道定义。内容的题目、封面、图文配合，甚至是视频前 10 秒的内容输出、观点输出及视觉风格、制作方式都影响着用户的打开率、完播率与互动频率。这给精准传播带来了多一层的考验。内容要使用户有兴趣打开、看完甚至产生互动，这才是有效的精准传播。对于电子竞技领域来说，它有着自己的传播特性，也有着自己特定的传播领域。

1. 用户社区与垂直媒介

传播学者哈罗德·拉斯韦尔（Harold Lasswell）认为，价值观的相同是造就与维系各个圈层内外有效传播和互动的黏合剂。

（1）官方媒体渠道。微信公众号、微博作为相对开放的媒体生态平台，通过电竞品牌官方账号与话题一起形成相对集中的圈层，进行有效传播。大部分时候，电竞品牌的官方微信、微博号的运营是以相对封闭、精准的粉丝作为基础的封闭式运营，在保持一定程度的信息发布、内容更新及用户互动的基础上就可以起到纳新、沉淀、活化的效果。尤其是在非常看重社区运营的今天，建立一些用户的群引导用户内部交流并开展一些社区活动，是电竞品牌必做的营销动作。双微平台目前的扩展性已经打破了图文、视频、直播之间的媒体限制。双微都有自己的直播系统，而微信的视频号作为一种传播短视频极好的平台，为微信公众号用户的导入提供了可能，这也给官方用户社区的运营带来了更多的挑战，官方需要对各种媒介的性质及对应传播方式的制作手法有更深入的了解。

（2）游戏客户端。作为精准传播中最直接的平台，游戏客户端往往担负着很多电竞品牌在活动、优惠、赛事营销中的堡垒式的传播任务。例如，业余赛事选手的招募或者大型赛事的推广，或是跨界联名活动的宣传，利用客户端是容错率极低的精准传播方式。在一定时间段内，营销内容所传达的用户大概率是活跃用户。

（3）垂直社区。垂直社区也是典型以相同爱好或价值取向构建的互联网 2.0 传播渠道。对于电竞来说，直播平台天然就与电竞不可分割，每个平台的相关游戏分类都是精准的用户捕捉渠道，这也是不少电竞跨界产品或电子产品选择直播平台进行内容传播的原因。甚至短视频平台的同话题下的内容，也属于精准传播的范畴，例如在抖音搜索"守望先锋"就可以精准定位到《守望先锋》相关的短视频。而论坛作为上一代的社交媒体在媒介形式上就显得比较传统，例如 NGA 论坛、虎扑的电子竞技版块、百度相应电竞项目或赛事的贴吧都是开放式论坛，聚集了相对精准的用户。B 站用户作为传播对象时，其精准程度可能不如 NGA 论坛不同游戏项目分版块中的用户，但 B 站是聚集了海量用户的平台，并且用户量远超 NGA。在进行传播时，海量用户的次精准与较少量用户的精准对内容的传播手法、传播时间节点等提出了更高的要求。

（4）垂直媒体。垂直媒体作为新闻与内容门户，进行了内容传播前的审核，可以确保内容的可信度。内容在借助媒体进行传播时可以拥有媒体的专业背书，媒体一直也是传统营销广告行业的重要投放渠道。由于垂直媒体吸引对于阅读、观看相关深度资讯、评论有需求的用户，不仅精准，还在一定程度上使媒体成为"准专业用户"的流量池。例如国内著名的玩加电竞、PentaQ 刺猬电竞社，关注全球电竞的网站 Dot Esports，纸媒《电子竞技》杂志的官方微博，都是许多电竞用户持续关注的垂直媒体。对于垂直媒体的软文投放、专稿投放与内容的二次传播往往是不少传播中所选的第一步，即先选择软文投放，再选择社交平台转发。

（5）交叉用户社区与平台。交叉用户平台是近年来精准传播中经常被作为投放目标的渠道。交叉用户平台往往拥有海量用户，但对投放内容、针对用户的算法有着更高要求。例如，小红书作为重要的女性社区，其内容往往与女性消费相关，但在不少电竞项目女性用户暴增的今天，交叉用户社区与平台就可能会变成最后的流量池。这样的社区往往会被认为不精准而被放弃，但事实上可以通过话题、传播、算法等途径投放。

（6）海量用户的非精准捕捉。在互联网时代，漏掉一些流量可能就会导致未来的增量止步不前。这也是目前不少电竞品牌在寻求突破时会选择异业合作的资源置换方式，以较低成本拿到海量用户平台的开屏广告或横幅广告位的原因。

2. 意见领袖与关键用户

电竞品牌的传播在很大程度上也依靠自媒体渠道的内容投放，提到自媒体就不得不提在这些年来一直被热议的关键意见领袖与关键意见消费者。二者是目前电竞品牌在互联网营销投放领域中非常重要的自媒体传播渠道。

意见领袖又称"舆论领袖",最早是由美籍奥地利社会学家保罗·F. 拉扎斯菲尔德（Paul F. Lazarsfeld）在 20 世纪 40 年代提出的。意见领袖指的是在人际传播网络中经常为他人提供信息,在团队中构成信息和影响的重要来源,同时对他人施加影响且能左右多数人态度倾向的"活跃分子",他们在大众传播效果的形成过程中起着重要的中介或过滤作用,由他们将信息扩散给受众,形成信息传递的两级传播。

关键意见领袖一般被称为 KOL,是自媒体不断发展后开始为大众所熟知的一个营销学概念。一般来说,它指的是拥有更多产品信息,并能影响群体的购买行为的人。与普通人相比,KOL 一般观念更开放,更容易成为新产品的早期使用者,对某类产品有着更为长期和深入的介入,且具有更强的社交能力和人际沟通技巧,能够成为群体的意见中心,对他人产生强烈影响。

随着自媒体的不断发展,越来越多的关键意见领袖出现,并对其所属群体的思想产生影响。因此,从营销学的角度上讲,以关键意见领袖作为营销渠道是自媒体时代常用的营销手段之一。

关键意见领袖对某类产品较之群体中的其他人有着更为长期和深入的介入,因此对产品更了解,有更广的信息来源、更多的知识和更丰富的经验,以此确立自身的权威。关键意见领袖具有极强的社交能力和人际沟通技巧,尤其是在互联网上,是群体的舆论中心和信息发布中心,对他人有强大的感染力。关键意见领袖接受新事物快,关心变化,愿意优先使用新产品,是营销学上新产品的早期使用者。

不少电竞品牌投放的营销内容与相关的品牌营销内容都有关键意见领袖的身影。以前文所提及的魔兽世界刀片服务器为例,在产品造势过程中,官方就请到知名演员万茜与知名玩家夏一可两位关键意见领袖做了开箱测评。这二位的选择一位兼顾到了非玩家流量、一位是玩家流量,足见在营销过程中的细致考虑。这是与产品深度结合的营销推广。再例如,直接的营销也常常利用关键意见领袖作为通路,一则电竞赛事消息或者一个电竞品牌的内容营销通过关键意见领袖的转发可以获得更高的曝光度。

在过去的品牌营销过程中,时常针对少量的关键意见领袖作为投放渠道,这对于几年前相对集中的流量分配来说是非常合理的方案。而近些年来消费品与品牌营销逐渐呈现出着重于关键意见消费者(key opinion customer,KOC)作为营销投放渠道的趋势,其中有几点考量。

(1)关键意见消费者看起来更像是普通人或是一个没有利益相关的普通消费者。虽然只是看起来,但相较于关键意见领袖更接近普通用户,也更容易被普通用户所接受、信任。在品牌营销的过程中,KOC能够引领其他潜在用户的思考方向与购买行为。在软性广告的投放场景中,用户往往对于关键意见领袖做出一定的心理防备,而对关键意见消费者防不胜防。

(2)同样的营销渠道资金可能只能支撑投放几位关键意见领袖,但却可以支撑投放几十位关键意见消费者。以目前的品牌营销模式来说,不少关键意见领袖采取收费软广的合作模式,甚至需要与相应的平台分成才会为品牌输出相关的营销内容。而关键意见消费者的合作门槛甚至可以降低为零营销费用,仅仅使用流量资源互换、产品赠予或试用等方式即可达成合作。在流量等值的思维下,组团式关键意见消费者的品牌营销内容投放效果要远远优于零星关键意见领袖的投放。

4.2.2 模因传播

除上述方式之外,与电竞内容传播息息相关的就是"梗传播",也称为"模因传播"。模因传播的语境下,很多时候用户并不知道内容的来源,也不知道这一梗原先的意义为何,却会因为互联网中常见的群体行为将这个词语或者句式一直传播下去,在传播过程中词语可能已不是原先的含义。

"吃鸡"究竟是一种游戏形式,还是一个电子竞技项目,抑或是一个故事?当一个不玩游戏、不看电竞比赛,甚至不知道什么是FPS,不知道什么是 PUBG 的人这样提问，可能"吃鸡"这个词已经在电竞语境下产生了模因传播。

"吃鸡"一词的最早确切来源是具有争议的，它有可能源于赌博，曾经在美国的拉斯维加斯，鸡肉晚餐标价 1.75 美元，这与标准赌注的金额 2 美元相近，如果赌赢了就相当于赢了一顿鸡肉晚餐，它第一次被广为人知是因为电影《决胜 21 点》。而 2017 年发布的多人在线射击游戏《绝地求生》在获胜后会显示"WINNER WINNER CHICKEN DINNER!"这句话被中文翻译作"大吉大利，晚上吃鸡!"之后"吃鸡"成为《绝地求生》的代名词，再之后手机端以大逃杀为生存模式的多人在线射击游戏也被称为"吃鸡"。进而《绝地求生》这个读起来有几分严肃紧张感的名称逐渐淡出，取而代之的是直白、易记的"吃鸡"。

互联网模因传播中的流量、能量都非常惊人，当一个梗产生之后，部分互联网用户并不会深究词汇的来源，而是在不少恰当的场合使用该词语，导致该词语成为流行符号，被广泛传播。

模因传播的模式对于理解数字文化至关重要，模因传播不仅是互联网亚文化的一个特征，而且作为一种文化产物，随着它越来越多地进入主流，它正在获得新的意义和功能。例如，"本以为是青铜，没想到是王者"这样的梗在短视频平台抖音、快手的助力下疯狂传播，视频中拍摄的故事往往具有反转性，貌不惊人的民间高手给人留下深刻印象。传播者不一定是《王者荣耀》的玩家，但其传播对《王者荣耀》的知名度有一定帮助。利用这样的梗，把握正向的模因传播，从而引导品牌正向传播，也是品牌管理中非常重要的环节。在电竞品牌的传播中，把握互联网模因传播的特质是对于互联网的本质与特质的利用。

模因（meme）与模因论研究始于 1976 年，是理查德·道金斯（Richard Dawkins）在《自私的基因》一书中创造的概念，用以讨论解释思想和文化现象传播的进化原则。模因作为承载文化思想、符号或实践的单元，可以通过文字、言语、手势、仪式或其他具有模仿主题的可模仿现象，从一个人的思想传递到另一个人的思想。模因概念的支持者将模因视为基因的文化类似物,因为它可以自我复制、变异和响应选择压力。

琳达·伯尔热伊(Linda Börzsci)在 2019 年的研究报告《取而代之:网络模因简史》中调查了 20 世纪 80 年代至 21 世纪 10 年代初互联网模因,即一种从用户到用户在线传播并不断变化的内容的本体和历史。她聚焦于不断变化的内容在用户间的传播,试图捕捉传播链的单个瞬间,并对互联网传播的模因进行同步研究。她认为互联网模因也是一种交流的方式,受到技术、文化、社会等多方面因素的影响。

2022 年,歌曲《孤勇者》的爆火也是典型的模因传播。2021 年 11 月发布的《孤勇者》作为动画作品《英雄联盟:双城之战》的主题曲,借助英雄联盟顶级 IP 已受到极大的关注。但在 2021 年年末与 2022 年年初,这首歌迅速爆火,作为与抗疫关联、与逆境中奋发关联的歌曲而被不断二创与传播。电竞的特性或者说电竞所需要传播的逆境中的孤勇精神,在这首歌的传播过程中不再囿于电竞文化,成了更加泛化的积极向上的流行符号。可能年纪较小的传播者并没有看过《英雄联盟:双城之战》或是玩过《英雄联盟》,但《孤勇者》依旧是一个优秀的模因传播案例。有些信息可能会灭失,但孤勇的精神恒存。

4.3 电竞品牌营销方式

经过多年发展,电子竞技从原本作为娱乐媒介的电子游戏到如今成为文化产业重要的组成部分,通过互联网的视频传播功不可没。电子竞技相关的视频内容已经成为电子竞技品牌在品牌塑造中不可缺少的环节,而与电子竞技相关的视频也将成为未来视频产业重要的组成部分。视频作为互联网新媒体内容,通过各种渠道传播,是展现电子竞技跨地域开展、组织的重要线上传播渠道与路径。电子竞技产业应与视频产业深度融合与协同。

4.3.1 事件营销

事件营销指的是企业或品牌通过组织、策划和利用具有新闻价值、社会影响及名人效应的创意性活动或事件，形成大众关注和议论的焦点，吸引媒体跟踪报道，使该活动或事件在更大的范围内传播，借此提高企业或品牌知名度，树立良好、正向的品牌影响力，最终提升品牌价值或销售额的一种集营销与传播于一体的特殊营销传播方式。线上的事件营销主要指的是仅通过线上模式传播信息，发起活动并完成活动。线下的事件营销主要指的是在线下完成这一营销过程，但不排除会通过线上进行推广、二次传播。事件营销主要有两种类型。

其一，将数字产品、数字内容的推出作为事件营销的核心，以获得品牌美誉度或用户关注度为目标的事件营销。

通过相关内容的投放，将线上事件营销打造成多元的整合营销方式，是目前常见的线上事件营销方式。这种方式不仅能够提升电竞品牌的关注度，也能为电竞品牌的衍生内容制作与用户增量做出贡献。

例如，《英雄联盟：双城之战》动画片第一季在2021年11月上线后，在豆瓣获得9.0的评分，单国内平台便达到了2.9亿的播放量，引爆互联网。与动画片配套推出的幕后制作纪录片也获得了极高的关注。此举不仅通过动画为《英雄联盟》IP获得了关注度，也进一步增强了原有用户的黏性。对于《英雄联盟》的IP化、内容化也是一个尝试。

其二，将公益活动作为事件营销的核心，以获得品牌美誉度或用户关注度为目标的事件营销。

例如，第一人称射击及动作游戏《守望先锋》通过设计与限时售卖一款慈善主题的特殊皮肤"粉红天使"的事件营销，获得了不少玩家的正面评价。

这款皮肤由美国暴雪娱乐公园与BCRF联合推出，可以使用在来自《守望先锋》的科学家和女武神——安吉拉·齐格勒博士（被玩家称为"天使"的英雄）身上。在活动中，用户购买"粉红天使"皮肤后暴雪娱乐公司将获得的收益全部捐给 BCRF 作为乳腺癌研究的科研资金。整个线上公益互动的设计非常巧妙而不生硬，与英雄皮肤的结合也非常符合这位支援型英雄本身的人物设定。将这样的英雄故事与该慈善皮肤的故事进行深度的品牌绑定，达成了品牌美誉度、用户热度、社会公益的三赢。

不少电竞项目或游戏都通过这样的活动提升自身的品牌影响力与品牌美誉度。《王者荣耀》也不断推出各种以中国传统文化作为设计灵感的皮肤，通过这些皮肤进行线上品牌营销的同时，展现品牌自身社会责任意识，传播传统文化、文明理念。例如，《王者荣耀》6 周年限定皮肤"庄周·高山流水"向青年用户潜移默化地传递中国传统文化中的意蕴。皮肤创意来源于"高山流水"中伯牙子期的典故，讲述了知音难求的故事。该皮肤"峨峨兮如揽山岳，洋洋兮若临沧海"这句台词，就是化用了《列子·汤问》中钟子期和伯牙的对话，说的是古琴声的巍峨广阔；"一弹山岳，一弹流水，山水风生松树枝"化用了卢仝《风中琴》里的"一弹流水一弹月，水月风生松树枝"。

电竞品牌的线上营销要考虑的不仅有品牌的美誉度，用户的体验感与参与度，更重要的是社会责任感与文化传播中的品牌正向作用。这也是目前不少电竞品牌或游戏线上事件营销的思路与执行方式。

对于线下事件营销，除了要顾及其在推广时的难度及事件完成后的二次传播，更重要的是给用户或目标用户良好的体验感。排队、拥挤，甚至是环境脏乱或者不良的天气状况，都会给用户留下负面的印象，而这种对待线下品牌营销活动不专业的印象将会传导到品牌本身。

2019 年，《王者荣耀》在 4 周年之际举办了线下活动"千灯会"。以上海豫园、重庆山城巷作为主要的线下营销活动场地，将《王者荣耀》IP 与城市的影响力作为初期传播的要点，在线下活动中吸引了大量用户前往体验，其中不少是《王者荣耀》的核心用户。

在线下事件营销中，选址非常重要，不仅要考虑到品牌与场地、城市的融合性，也要考虑到可以容纳参与者的人数，更要从文化、品牌层面进行考量，兼顾品牌的调性、活动时间与相关设施之间的关系。

图 4-3　豫园千灯会俯瞰

在本案例中，上海豫园始建于明代嘉靖、万历年间，距今已经有 400 余年历史，是全国重点文物保护单位，豫园灯会更是被列为国家级非物质文化遗产。在我国传统文化中，"灯"是象征吉祥寓意的媒介，而给它赋予更加现代的品牌传播概念，并策划形成完整的线下营销活动是一种以更年轻、更有趣的形式呈现传统灯会的方式，可以说是非常巧妙。

除了这样与 IP 相关但脱离电竞活动本身的线下事件营销之外，包括校园观赛、酒吧观赛、影院观赛等形式的线下观赛活动也是电竞品牌常常实施的线下事件营销。这些线下观赛、场外观赛活动的组织方可能是赛事的主办方，也有可能是该场赛事的参赛俱乐部、战队，这种活动不仅仅起到了增强用户黏性、活化用户社群的用户运营效果，其相关的图文、视频资料也可以进行线上二次传播。而且这种观赛的线下营销活动往往成本低廉，只需要场地费甚至只需使用游戏周边进行资源置换。

4.3.2 内容整合营销

整合营销传播（integrated marketing communication，IMC）是由唐·舒尔茨（Don E. Schultz）于1991年在其《整合营销传播》一书中首次提出的，该理论引发了市场营销和广告传播观念的深刻变革。整合营销是一种管理体制，该管理体制的主要内容是开展信息传播活动，以期通过传播与消费者及利益相关者形成并保持良好的关系。

内容整合营销则是以互联网作为传播环境，以内容为核心，以社会化营销平台作为传播途径，以关键意见领袖、关键意见消费者作为传播节点的一种以品牌营销或直接效果营销为目的的营销行为。

现有内容整合营销的步骤基本依照图4-4的框架展开。

图4-4　内容整合营销的步骤

1. 策略制定

在制定策略阶段更多考虑的是品牌的调性及内容呈现的新意，策略的核心是用户的需求。由于电竞品牌"无形之形"的特殊性，所以制定策略时更多要侧重用户的情感层面。整合营销的策略制定不仅仅要提出关于内容的创意，更要纵观全盘，在内容分发的环节安排合适的节点及渠道、投放及流量运营的细节等。

策划的阶段要弄清楚的问题是：这个内容是给谁看的？怎么样才能让他们看懂和喜欢？用什么方式能够让他们看到？在给他们看的时候需要完成哪些工作，保证他们一定能够看到，让内容的分发没有死角？

优秀的整合策划案及优秀的营销人都会尝试精准回答以上的四个问题。如果答案正确，就能够从情感链接上牵动用户心绪，并在口碑与流量上展现出双优的效果。例如，斩获2020年金狮奖"最佳策略银奖"

"最佳网络人气影片银奖"的《王者荣耀》职业联盟贺岁微电影《赢家》及后续分发就是非常出色的内容整合营销案例。从内容来说,微电影讲述了刚刚经历比赛失利的虔诚被妈妈送到姥爷家散心,两代人互不认同的矛盾在一次灵魂互换后出现了转机。互换后的二人逐渐体会对方的感受和理解对方的选择。姥爷愿意帮助外孙实现梦想,外孙也通过制作游戏角色将姥爷的花灯艺术延续到年轻人中。灵魂互换是在不少影视剧中都会出现的老梗,将老梗玩出新意是该策划案最为精彩的部分。从社会对电竞选手职业的误解展开并深入讲述,这点非常能够得到游戏玩家的共鸣。

在整合分发渠道时,基本选择的是纵深领域的媒体,如《王者荣耀》官方媒体王者营地、KPL王者荣耀职业联赛、王者大星探、新浪游戏、新浪体育、新浪体育视频、腾讯电竞等微博账号及相同媒体的微信公众号、B站账号、腾讯视频账号,并结合RNGM电子竞技俱乐部与相关电竞媒体及内容制作方进行矩阵式分发,例如,必闻电竞(Bewin Esports)、VSPN-王者荣耀KPL、兔玩王者荣耀等。

2. 内容制作

整合营销的内容可以是多种多样的,微电影、广告片、短视频、图文、H5(互动形式的多媒体广告页面)、表情包都可以成为内容整合营销的内容本身。由关键意见领袖或关键意见消费者发布的关于某品牌或其产品的长视频、短视频,或是图文描述,都是非常好的内容,是目前用户最乐于搜索和接受的媒体内容。

其中,在新媒体时代奠定了传播基础与传播方式的广告片,在被从电视媒体移植到互联网之后产生了新的变化,现在的广告片也可以通过内容整合营销产生极好的效果。广告片(television commercial,TVC)是在电视媒介产生之后非常重要的广告内容传播途径,是通过电视电影等影音媒介播出的视频。过去可能有根据电视媒体套剪的5秒、15秒、30秒等各种版本,而现在它可能是视频网站的贴片广告,也有可能是单独进行内容传播的单条视频内容,或是通过微信、微博等社会化营销媒介进行传播的内容。

2019年,"上海市副市长宣布2020《英雄联盟》全球总决赛落户上海"这一广告片在视频网站上一经投放,当天就登上了热搜。这是由于副市长亲自对于一场电竞赛事的落地进行官宣是具有巨大影响力的,并且将"全球电竞之都"上海与《英雄联盟》全球总决赛深度链接。这可能是我国电竞历史上截至目前最有影响力的广告片了。这条广告片被上传后迅速在各大媒体引起轰动,并引发大量转载、评论与互动。该内容整合营销的核心是这条广告片,而整合营销则包含了媒体的转载、网友的互动和行业媒体的评论,以上活动发生的处所是论坛、微博、微信群和朋友圈、QQ群和空间等互联网平台。

内容整合营销的核心——"内容"常由特定的专业团队来制作。广告片、微电影的拍摄都有较为成熟的拍摄团队。一般微电影的预算根据拍摄的内容在10万~100万人民币之间浮动,有如此大的差别,与取景地、时长、特效甚至演员都有一定的关系。

然而,在预算不足的情况下,用手机、相机就可以拍摄短视频,并使用电脑或手机APP进行剪辑与后期制作。这也是由于互联网时代提供了好的创作环境,内容输出总能找到低廉、便捷的解决方案。当不满足拍摄视频的条件的时候,用在线软件迅速生成图文也是很好的内容呈现途径,甚至也有一键生成海报的在线网站与APP,连自制的表情包也是具有传播性与话题性的。以上提到的各种简便、低成本、高效率的内容制作方式非常值得在预算不足的情况下尝试,也非常适合作为零预算或低预算的电竞全阶段整合营销的内容制作方式。

H5非常值得一提,它在2015~2020年期间都非常流行。在我国独有的微信生态中,借由公众号流量、私域流量、社群裂变营销等热词,H5一度是非常受欢迎的内容整合营销模式。但随着短视频和直播的崛起,H5日渐式微。其实内容本身所使用的媒体形式并不重要,重要的是将想要传达的信息通过不同形式的内容展现,并通过有效的媒体传达给用户。

3. 内容投放

在整个内容整合营销策划之初,就应该考虑内容投放及同步的流量运营。所谓的运营就是按照一定的步骤与方法获得更多的流量,包括可以将部分预算用于流量购买或动用部分资源做出流量置换。

(1) 要有宏观的概念,内容投放应选择合适时间节点,确定渠道,并控制内容分发时的节奏和速度。为春节活动制作的内容整合营销就要在春节前预热,并在春节期间引爆,保证在春节期间达到流量的高峰。如果是一个大型的赛事,就要在赛前的招募推广阶段开始发力,比赛开始之后要逐渐达到流量高峰,在决赛时得到最大能级的曝光。

(2) 简要制订内容整合营销宣传期的规划。如表4-2所示,此类简表一般在游戏内容整合营销的提案阶段使用,在真正的媒体投放时需要非常准确的时间节点、内容、渠道、预算与具体对接人的信息汇总,包括后期的流量运营、内容链接、数据记录等都需要科学管理。

表4-2 某游戏内容整合营销宣传期规划表

预热期	爆发期	延续期
微博:#某游戏即将上线# 1. 主要针对游戏内容 2. 主要针对游戏马上到来的内测	通稿:游戏内测预约在即 资讯:游戏内测预约通道、抽奖等活动 内容:KOL和KOC撰写游戏内测心得 直播:邀请关键意见领袖体验游戏,通过个人IP带动粉丝尝试,提升游戏知名度	通稿:将游戏定位到某个领域的某个高度,例如,以"漫改游戏界RPG的TOP1"此类文案写作思路进行撰写 内容:KOL和KOC撰写游戏内测心得
微博冲榜 流量运营	网游垂直媒体 微博 虎牙、斗鱼	主要游戏媒体 论坛

(3) 投放与流量运营可以说是对确定的节点与渠道的实施,其中涉及的实操环节甚至可以精细到几点发送内容,内容所配文案如何撰写,话题与关键词的拟定等,包括流量表现不佳时的转发补救及与社群联动的流量运营等。例如,每天的早6~7点、晚7~8点都是非常好的

信息发送时间，在该时段进行内容发布，信息可以直达在公共交通通勤中正在刷着手机的用户，流量会相对更好。

以前文提到的《赢家》内容整合营销为例，此案例通过♯过年有王者♯这一微博话题进行了节点式的营销，抓住了春节这一时间窗口，给了流量一个聚集与收束的入口，并且流量最终落点到游戏的打开率与《王者荣耀》职业联盟赛事的关注率，也就是流量的"落地"。营销内容可能会看起来各不相同，也许温情，也许励志，但所有的流量都是具有成本的，它们最终要落地到一个链接上，可能是用户购买，可能是游戏打开，可能是观赛，也有可能是观看直播。

在此之后，"赢家"系列贺岁微电影已经成为备受《王者荣耀》与 KPL 粉丝期待的春节娱乐节目，延续了三年，最新一部为《赢家3》。这也从侧面说明了该内容营销案例的成功与影响力。

4.3.3　用户体验营销

以用户为核心的各种营销概念目前都来自互联产品概念的用户运营。由于电竞品牌所在的互联网语境，用户运营与流量运营是电竞品牌营销常见的手段。

用户运营指的是以用户为中心，围绕用户的需求而设置运营活动与规则，也就是通过运营手段提高用户的活跃度与忠诚度，提高用户黏性，增强转化，从而尽可能地达到设置的预期运营目标，令用户为产品买单，使品牌与公司获得收益。流量运营则是从用户增量的角度入手，不论是提高用户关注度还是用户纳新，都需要流量运营的活化。

对于电竞品牌来说，用户的体验至关重要。电竞领域用户的体验往往是多面的，这是由于电竞用户往往兼具多个角色：电竞项目玩家、电竞赛事观者、电竞俱乐部或战队粉丝、电竞选手粉丝等。

一个电竞比赛的观众数量与该电竞项目（即游戏）的用户数量息息相关，这是由电子竞技的特性决定的。看懂或者沉浸在一个体育竞技项目中可能只需要知道简单的规则，而观看电子竞技项目具有一定的门槛，熟悉规则的同时还要能看得懂战略、形势、细节才能让整个过程具有趣味性与紧张感。电竞的这一特性造就了游戏项目与赛事项目之间的关系。例如，《英雄联盟》巨大的用户数量决定了其职业联盟赛事及全球总决赛的观众数量。再例如，在海外拥有众多玩家的《堡垒之夜》《彩虹六号》，由于缺少国内玩家，其赛事在国内的关注度也较低。

电竞项目或游戏的运营往往和该项目的赛事相辅相成，赛事也能够反过来帮助游戏达到获取新用户与激活现有玩家的目的。

除去游戏在开发时就已经成为定局的模式、美术等来说，优秀的游戏运营可以帮助品牌获得更高的收益或更好的品牌口碑。

其一，维护游戏体验。通过技术手段维护系统，尽量避免掉线、卡顿等问题，并通过算法合理匹配，保证用户在娱乐性与紧张感之间获得平衡。建立科学的排位机制，保证玩家的竞技积极性。积极打击外挂、挂机等游戏行为，并建立反应迅速的投诉系统与合理的惩罚机制。

其二，增加具有新鲜感的游戏内容。通过新皮肤、新模式、新英雄、新活动等方式增强用户的黏性，促进日活。

其三，丰富社区活动与营造良好社区氛围。好的游戏或电竞项目往往拥有非常成熟的玩家社区与独特的玩家文化，不仅仅有丰富的线上活动，也包含用户二次创作的内容。例如，《守望先锋》在社区运营中就有"社区英雄"的称号；《王者荣耀》则通过票选让一些玩家创作的皮肤成为了现实。这都是非常优秀的品牌运营案例。

其四，迅速反应的官方媒体。官方媒体不仅要在各个活动节点上对信息进行发布，或是对新版本进行推广，官方媒体所使用的图片、语言也要给用户营造出归属感与亲近感。

其五，产出内容与营造文化。不论是电竞品牌的精彩赛事剪辑还是游戏本身的英雄故事视频、音乐、漫画，用户社区的二次创作，或是线下的美术展、观赛、见面会等，甚至玩梗都是电竞品牌内容的一部分。电竞赛事与游戏的互动、联动，二者构成整体所产生的所有内容都将成为游戏文化的一部分。这也是用户体验中最重要的部分之一。

4.4 学习任务：电竞整合营销策划

1. 任务目标

（1）理解电竞营销与传播的特性及其相关的传播手段、营销方式，对于电竞品牌营销的精准传播、模因传播有所了解，并能够掌握相关的品牌营销方式。

（2）理解线上事件营销与线下事件营销开展的目的、方式与执行方法。

（3）掌握以用户为核心的营销在用户运营与流量运营中的模式。

（4）掌握内容营销中的策划步骤及相关展示形式。

2. 任务背景

（1）你是学校电竞社的社长，在9月开学前后要在本市范围内举办所有高校在校生均可报名参加的某电竞项目赛事。

（2）现在需要制作一个3～5分钟的短片或是招募短视频，并通过一定的营销手段、推广节奏、流量运营对这场赛事进行整合营销。

（3）目前，这场整合营销的预算是0元，需要借助同学们的私域流量与各高校间的联络，使比赛获得一定的关注度，最终为比赛招募一定量的选手与观众。

3. 任务步骤

（1）明晰这场整合营销所拥有的资源，并对整合营销的路径做出一定的规划，在此基础上决定如何进行概念传达。

（2）制作整合营销内容，如果是短片拍摄，就要从策划、剧本、拍摄、剪辑、后期的角度分步入手推进。

（3）按照现有的资源进行分发，并尽量利用资源置换、私域流量等方式获得相应的互联网流量。

4. 任务案例

2019年上海出版印刷高等专科学校动漫与电竞系与腾讯合作，在校内主办了第六届《王者荣耀》高校联赛上海区域联赛开幕式暨第一周校间对抗赛,并配合开幕式展出了一系列文创作品,文创作品被《新民晚报》报道并予以较高评价。这是一次与电竞品牌《王者荣耀》的跨界合作,也成为此次赛事初始推广传播的亮点。

4.5 练习与思考

1. "赛证融通"测试题

下列选项中不属于电竞赛事媒体的是(　　)。

A. 电竞门户网站　　　　　　B. 电竞自媒体公众号

C. 电竞战队应援团　　　　　D. 电竞社区论坛

答案:C

2. 课后思考

不少电竞品牌的内容营销都基于模因传播,也就是大部分游戏玩家说的"玩梗"。请回忆一下你生活中知道的案例,并指出案例中的模因是哪个词汇、图形或游戏元素?

模块 5
电竞品牌的体育化与娱乐化

知识目标

(1) 理解电竞品牌在体育化路径上的衍生的赛事品牌化与体育团队品牌化；理解电子竞技项目、赛事、俱乐部的商业化与品牌化模式。

(2) 掌握电子竞技与体育竞技、泛娱乐的竞争与融合，即竞争与数据形势上的转化。

(3) 可以深入思考电子竞技与传统体育的关系，包括电子竞技在入奥、入亚过程中的困难与博弈。

5.1 电竞的体育化

在电子竞技行业不断发展然而并未完全成熟的今天，关于电子竞技与体育竞技二者之间的区别、竞争、比较的讨论一直未曾停止，但电竞赛事在其发展形态中也不乏需要向体育竞技赛事学习的地方。

从更加包容的角度来理解，二者同样是竞技项目，只是媒介、竞技形式有所不同，身体的对抗与通过电子媒介的对抗无高下之分，不论是联赛还是杯赛，大部分电竞赛事与体育赛事的激烈竞争对观众情绪的点燃是一致的。以狭隘的商业竞争思维来看，观众存量一定，那么二者就存在观众的争夺与流量的较量。但体育竞技赛事成熟的商业化运作模式与品牌管理方法又为电竞赛事提供了众多参考对象，尤其是运营多年、相对成熟的竞技体育商业体系及以商业体系为核心构建的品牌管理、盈利渠道，为电竞品牌的管理提供了成熟的经验与商业模板。体育赛事也在电竞品牌发展的过程中通过认可、融合等方式与之产生更深层次的合作。

而电竞作为一种娱乐方式，其与娱乐行业之间一直以来也是相互融合与渗透的关系。电竞选手本人的粉丝运营、后援会管理、代言经纪等逐渐娱乐明星化，甚至选手、电竞从业者的行为也很大程度被"饭圈文化"所裹挟。

5.2 体育竞技的商业化

体育一词，其英文本是 physical education，指的是以身体活动为手段的教育，直译为身体的教育，简称为体育。在古希腊，游戏、角力、体操等曾被列为教育内容。17~18世纪，在西方的教育中也加进了打猎、游泳、爬山、赛跑、跳跃等活动，只是尚无统一的名称。18世纪末，德国的 J.C.F.古茨穆茨曾把这些活动分类、综合，统称为"体操"。进入 19 世纪，一方面是德国形成了新的体操体系，并广泛传播于欧美各国；另一方面是相继出现了多种新的运动项目，在学校也逐渐开展了超出原来体操范围的更多的运动项目，建立起"体育是以身体活动为手段的教育"这一新概念。于是，在相当长的一段时间里，"体操"和"体育"两个词并存，相互混用，直到 20 世纪初才逐渐在世界范围内统一称为"体育"。

体育社会学分析认为，游戏是竞技体育发展的低级阶段。许多竞技项目最初不过是人们在业余时间的简单玩耍，经过加工整理，产生了简单的规则和裁判方法，变成了局部地区的民间游戏。其中有些游戏再经过社会组织认定，确定明文规则，规范场地器材与组织形式，就逐渐转化为正式体育项目。从玩耍、游戏再发展到竞技体育，这一过程展现了如下规律：自发性、休息性、娱乐性逐渐减少；对体力要求逐步提高，而且要求有事前准备的技术、战术训练，因此更加依赖于有组织的教育和社会化过程；规则性、组织性、职责分工明确加强，管理趋向严格；参与动机复杂化，利益动机多元化。可以说竞技体育是游戏的典型化发展。

体育竞技赛事按照参与选手及项目的属性可以分为综合体育赛事、大众体育赛事及职业体育赛事。综合体育赛事的代表为奥运会、亚运会。大众体育赛事最为常见的是各个城市的马拉松与健康跑、市民运动会等。职业体育赛事则是职业锦标赛、职业联盟赛事等，在我国较为被大众熟知的是中国足球甲级 A 组联赛（C League）、中国男子篮球职业联赛（Chinese Basketball Association）。

体育竞技商业化往往以赛事与节目、联盟与俱乐部的形式运营，这也是现代体育竞技的娱乐化的基础商业与品牌构建方式。足球、篮球、橄榄球、棒球等体育项目的运营，例如美国职业篮球联赛（National Basketball Association，NBA），也走过这样的职业化进程。甚至是奥运会这样的综合性运动盛事，也是体育竞技的品牌化帮助奥运会走向了大众化、娱乐化、商业化。

5.2.1 体育赛事的品牌化

体育竞技在农耕社会是人民的娱乐与训练方式，而在现代商业社会，体育竞技逐渐演化为具有娱乐性质的商业行为。体育竞技赛事的商业化成为一种趋势。美国的体育商业化相对发达，以赛事为核心的体育产业将体育资产（包含作为无形资产的品牌与作为有形资产的场馆、体育媒体、赞助商、体育衍生品及特许权、体育营销及经纪公司等）发展成了完整产业链。

围绕赛事品牌而形成的体育赛事产业链，以品牌营销作为获取用户的手段，通过品牌影响力获取用户并通过赛事、体育服务、体育衍生产品、场馆服务等获得商业收入。

2019年发布的福布斯全球最具价值体育赛事品牌排名显示，排名在前五的赛事分别为超级碗（Super Bowl），即美国职业橄榄球大联盟（National Football League，NFL）的年度冠军赛；夏季奥运会；国际足球联合会（Fédération Internationale de Football Association，FIFA）世界杯；美国棒球职业大联盟（Major League Baseball，MLB）世界系列赛；欧洲冠军联赛。五者的品牌价值估价均在1亿美元以上。通过体育赛事品牌的影响力，品牌赞助、赛事票房、赛事转播权、赛事品牌周边、赛事席位都成为品牌变现的重要渠道。

表 5-1　2019 年福布斯全球最具价值体育赛事品牌商业价值

体育赛事品牌	品牌价值/亿美元	品牌营收来源
超级碗	4.25	共有创纪录的1.63亿美国人收看了第45届超级碗比赛的至少一部分，广告主为争夺30秒的广告时段，支付的金额达到创纪录的300万美元
夏季奥运会	2.3	国际奥委会通过打包2010年至2012年奥运会赛事共获得38亿美元电视转播收入，创下历史新高，比2006年至2008年的赛事打包转播收入多出12亿美元

(续表)

体育赛事品牌	品牌价值/亿美元	品牌营收来源
FIFA 世界杯	1.47	300 万人到现场观看了 2010 年在南非举办的世界杯比赛
MLB 世界系列赛	1.4	在 2010 年世界系列赛期间，30 秒电视广告的平均收费为 44 万美元，比 NBA 总决赛高 3.8 万美元
欧洲冠军联赛	1.32	欧足联向参加 2010-11 冠军联赛的 32 支球队共分配 11 亿美元，达到历史新高

NBA 是北美范围内的职业篮球联赛，是北美四大职业体育联盟之一，也是世界首屈一指的男子职业篮球联赛。虽然并未跻身福布斯最具价值体育赛事品牌的前五，但对于中国观众来说，NBA 是联赛架构下最知名的、讨论度最高的联赛之一。目前为止不少电竞联赛的架构非常接近 NBA 的商业架构。

1946 年，11 家体育馆与冰球馆的所有者发起了美国篮球联盟（Basketball Association of America，BAA），1949 年 BAA 吞并 NBL（National Basketball League），成为今天被大家熟知的 NBA。

虽然 NBA 收入屈居于美国职业橄榄球大联盟（NFL）与美国职业棒球大联盟（MLB）之后，但更为广大的中国观众所熟知。截至 2017 年，仅在中国，NBA 的品牌整体价值为 40 亿美元。NBA 目前经常作为成功的商业运营与品牌营销案例出现在商学院的案例分析中，当分析 NBA 的成功时，大部分情况下，相关课程将品牌效应、媒体手段与全球化作为重要的关键词，前 NBA 总裁大卫·斯特恩（David Stern）是这一商业架构的缔造者。NBA 不仅为其他体育赛事创造了卓越的模板，也为电子竞技赛事提供了良好的参考。

在电子竞技领域，《英雄联盟》韩国冠军联赛（League of Legends Champions Korea，LCK），《英雄联盟》欧洲冠军联赛（League of Legends European Championship，LEC）等都是地区性的职业联赛，与 NBA 形式接近。

已经有不少商学院教材透过 NBA 的联盟名称，解析它优秀的商业模式。概括来说，NBA以联盟为核心链接起了场馆、赛事、选手、观众、城市，并在此基础上为联盟品牌与俱乐部品牌的管理提供了优良的运营平台。在此平台基础上聚合流量，形成规模效益，获取可观的商业利益。值得一提的是NBA的工资帽制度，通过限制球员的过高薪水，平衡了球员与俱乐部之间的利益关系及俱乐部之间的竞争关系。

在联盟架构下，NBA的30支球队都是以盈利为目的的独立机构。虽然独立核算营收，但俱乐部要为联盟支付费用，以管理与运营联盟。联盟的经营收入包括转播费用，联盟周边产品销售，游戏、服装、玩具、视频等联盟衍生品的销售等。而俱乐部则可以通过赛事票务收入分成、赛场广告、俱乐部球衣广告、俱乐部纪念品销售等获利。俱乐部球星的粉丝号召力也可以创造可观的收入。

NBA的前品牌管理者大卫·斯特恩被认为是最伟大的职业经理人之一，自1984年担任NBA总裁职务以来，他通过商业包装、明星战略、国际推广等手段将NBA发展成全球最具有商业价值的职业体育联盟，年营收超30亿美元，并以43种语言传播到215个国家，为其他体育联盟赛事以及电子竞技联盟赛事提供了优秀的品牌与商业模式参考。

由于NBA并非上市公司，NBA并未向公众发布财报，但根据福布斯发布的针对30支NBA篮球队的特许经营权的周期性估值财报，以2018—2019赛季为例，NBA总收入达到87.6亿美元，每支球队自身估值至少为10亿美元，平均身价为21.2亿美元。2021年最新数据显示：纽约尼克斯队目前价值50亿美元。品牌的价值在特许经营权的加持与NBA平台的运作下，达到了商业价值的最大化。

NBA每一支球队以独立法人形式存在，可以理解为每支球队既是一个体育竞技的团体，也需要负责球队的主场场馆运营，与此同时还要通过合理的人力资源分配与营销手段构建合理的球队成员框架并孵化自己的球星。好的比赛成绩或者签约高竞技水平或具有众多粉丝的球星，这等同于互联网时代的流量，可以吸引更多的粉丝，从而卖出更多的球票，获得更多的球队赞助。但如果拿出过多的盈利来完成如上决策，也会影响到球队的收入。球队的盈利与 NBA 精密的商业架构设计密不可分，俱乐部品牌的关注度与 NBA 赛事关注度密不可分。特许经营权造就的固定席位格局保证俱乐部在此基础上可以有空间进行商业运作；与此同时，在赛制框架下，成绩与经济效益是需要平衡的，阵容或球员工资会影响俱乐部的运营成本，好的成绩会带来更多的商业价值。主客场制度营造出城市归属感与荣誉感，并帮助俱乐部通过主场的票务营收获得更多收益。人才选拔制度则为俱乐部提供了源源不断的球员。

品牌管理与商业运营一表一里，篮球运营与品牌运营都是商业运营的重要组成部分，打出成绩和做好营销都是重要的事。而对于联盟来说，扩大品牌的影响力，则是最重要的事。

5.2.2　体育团队的品牌化

在体育赛事的品牌化系统中，参与赛事的体育团队也以该系统为基础，进行品牌化商业运作。体育团队的品牌以品牌赞助、门票销售、球员买卖、团队品牌商品作为主要的变现方式。福布斯 2019 年发布的全球最具价值的体育团队品牌排名的前五分别为纽约洋基队、曼彻斯特联队、皇家马德里队、达拉斯牛仔队、拜仁慕尼黑队。

表 5-2　2019 年福布斯全球最具价值的体育团队品牌的品牌价值与营收来源

体育团队品牌	品牌价值/亿美元	品牌营收来源
纽约洋基队	3.4	YES Network 电视台、体育场馆服务商传奇服务管理公司（Legends Hospitality Management）和洋基体育场的赞助、门票销售以及豪华包间销售
曼彻斯特联队	2.69	与保险公司 Aon、土耳其航空、必发（Betfair）以及其他几家电信公司的合约，该队获得的赞助收入是所有球队中最多的
皇家马德里队	2.64	通过两位全球最受欢迎的球员——克里斯蒂亚诺·罗纳尔多（Cristiano Ronaldo）和卡卡（Kaká）吸引球迷

(续表)

体育团队品牌	品牌价值/亿美元	品牌营收来源
达拉斯牛仔队	1.93	牛仔队的收入比 NFL 营收第二高的球队多出15%，该球队的专卖商品收入是橄榄球界最高的
拜仁慕尼黑队	1.79	德国最受欢迎的体育团队，凭借这个优势拜仁与大陆航空、奥迪和德国电信签订了昂贵的代言合同

如表 5-2 所示，品牌价值为 3.4 亿美元的纽约洋基队，除了来自电视台、体育场馆服务商的赞助，其最重要的收入为门票销售与赛事的豪华包间销售。目前我国不少电竞职业联赛俱乐部已经完成了城市化进程，但在赛事的门票销售与豪华包间销售方面仍未形成规模，主要盈利渠道仍为企业赞助。

观察电子竞技战队、俱乐部的商业运作模式，就可以明显看出：品牌赞助目前已经逐步走上正轨，门票销售的利益正在联盟化改造的浪潮下成长，选手买卖已经成为主要收入之一，而团队品牌商品的商业爆发力仍远远不足。

5.3 电子竞技的商业化与品牌化

近些年不少电竞赛事与俱乐部都在进行品牌化的运营，电竞赛事品牌化运作的基础是商业化；跟随着电竞赛事的商业化运营，不少俱乐部在特许经营权的框架下逐渐对俱乐部进行品牌化运营。二者密不可分，且短期来看，商业化与品牌化共同发展是非常重要的趋势。

5.3.1 电子竞技的商业化

2018 年动视暴雪在公告中披露，将新建动视暴雪电竞联赛部门，该部门主要负责《守望先锋》与《使命召唤》联赛的开发与推广。该部门组建之初的三位高管分别是前 NBA 高级营销副总裁布莱顿·斯诺（Brandon Snow）、美国冰球联盟知名球队新泽西魔鬼队前首席营销官丹尼尔·谢里（Daniel Cherry）和在 NFL 与 NBA 担任过财务工作的马克·科林（Marc Kolin）。这是电子竞技在向传统竞技商业模式与品牌运营模式学习与靠拢的一个信号。

电子竞技赛事一直在不断尝试并推动职业化，参考体育竞技项目，这几乎是一个必然的历史进程，在此过程中电子竞技赛事深度商业化，创造更大竞技价值的同时，也给电竞品牌的管理提出了更专业的要求。

5.3.2 电竞赛事的品牌化

电竞赛事的立体化从电竞赛事飞速发展的那天就开始了，电竞赛事本身的属性导致一直以来电竞赛事有着丰富的赛事主办方、多样的赛事形式。在如今职业联盟备受瞩目的情况下，依然有着多种多样的赛事形式及品牌。在被称为全球电竞之都的上海，甚至可以看到一个街道举办与垃圾分类宣传相关的社区电竞赛事，通过年轻人喜闻乐见的方式宣传社区管理也是非常具有特色的小区域第三方赛事。

电竞赛事可以分为三类。第一方赛事，主要是指电子竞技项目版权拥有方或运营方所举办的赛事。第二方赛事，主要是指玩家或电子竞技项目用户所举办的赛事。第三方赛事，则是企业、媒体或其他第三方机构所举办的赛事。

不少第三方赛事以网吧作为举办主体，可以吸引更多的网吧消费者，扩大网吧的品牌影响。目前依然活跃的全国网吧电子竞技联赛（China Cybercafe E-sports League，CCEL），现由浙报数字文化集团股份有限公司和杭州顺网科技股份有限公司共同主办，是传媒产业在电竞行业的一种尝试。

硬件厂商作为赛事主办方的第三方赛事也具有较强影响力，赛事目的在于扩大硬件的品牌影响力。微星（MSI）作为有影响力的硬件厂商，一直致力于第三方赛事。例如，微星主导着第三方赛事品牌 MGA

(MSI Gaming Arena)，并资助 Vega Squadron、Flash Wolves 等 8 支电竞队伍。如今，不少直播平台也着力于主办电竞赛事，斗鱼作为头部直播平台，一直依靠平台流量运营斗鱼杯，《魔兽争霸3》《拳皇97》《斗地主》等都是斗鱼杯的电竞项目。

第三方赛事撑起了中国电竞发展初期的半壁江山，但也被不少业内媒体认为模式单一与滞后，赛事目的融合了"竞技""娱乐"与"商业品牌的曝光"，通过品牌赞助招商举办的第三方赛事在一定程度上有链路过长、成本过高、缺乏品牌背书等缺点，赛事品牌宣传、人员招募、运营等环节都占用了较高的成本。

第三方赛事很难在品牌角度寻找突破口与新的"玩法"。全国电子竞技大赛（National Electronic Sports Tournament，NEST）曾在2020年《多多自走棋》项目赛事中设计了游戏中的 NEST 专属皮肤，并设置了在虎牙平台掉落箱子，以具有创意性的品牌营销联动模式打开了赛事品牌、电竞项目品牌、直播品牌三者流量与内容互通的通道，在赛事与大众消费的交叠领域做出了新的尝试。值得一提的是，第三方赛事由于并不拥有电子竞技项目的版权，需要向版权方或运营方申请品牌使用权，比赛所获的经济收益相对没有第一方赛事高。

而第一方赛事则不断在品牌化与夯实品牌基础方面做出努力，不论是在职业联盟化方面，还是在品牌的商业赞助方面，都走出了一条向体育赛事迈进的品牌化之路。主办方不断丰富第一方赛事的层次，将参与者分层，帮助更多的选手与用户参与进来。

2020年年初的《王者荣耀》电竞战略发布会上，《王者荣耀》以全民电竞作为系统革新的关键词，将大型合作赛、高校赛与城市联赛作为赛事立体化的金字塔塔基，三个赛事产生的优秀队伍可获得全国大赛门票。作为全国赛事中的非职业联赛最高级别赛事，全国大赛在本次升级后开放固定晋级名额，通往 KGL《王者荣耀》职业发展联赛，成为业余选手晋升职业选手的通道之一。

城市赛活化区域电竞气氛，为顶级联赛提供源源不断的优秀选手，并通过赛事集群提升品牌影响力。不仅仅是电子竞技项目，各层次电竞比赛互相之间的流量转换也能促进整体化的品牌传播，提升品牌效能，为不同的受众提供不同的娱乐产品，提供更多的观看渠道，抢占更多的流量。

值得一提的是，在打破性别偏见方面，第一方赛事也在做相关的努力，《王者荣耀》在2021年9~12月举行了首个王者女子专业赛事——2021年《王者荣耀》女子公开赛，奖金池230万元。

电竞赛事的体育化和娱乐化是发展的两个方向，电竞赛事也不断从体育竞技中学习竞赛模式，电子竞技的循环赛赛制是接近体育赛事的赛制，例如，2018年亚洲运动会电竞项目的表演赛中，《英雄联盟》项目采取的就是分组双循环赛制。在体现公平性的基础上，探索更加具有可看性的赛制，使电竞赛事在激烈的流量和注意力竞争中不断通过各种方式增强自身的娱乐性，向泛娱乐化发展。

首先，以提升赛事娱乐性为例，KPL一直在做增强比赛可看性的尝试。2018 KPL秋季赛季后赛采用全新的BO7赛制，即七局四胜制，先赢得四局比赛的队伍获胜；在前六回合中，同一名英雄在一方只能使用一次，每回合红蓝方各四个ban位，上ban位指这个英雄被禁止使用，双方队伍不能选被ban掉的英雄；第七回合中，双方不可见对方英雄阵容，双方均可选择任何英雄。这样的改动使得KPL的观赛体验获得非常大的提升，套路化的阵容与战术体系被彻底击碎。2019 KPL春季赛全面启用新的BP模式。2021KPL春季赛更是通过赛制的变动将战队分为S、A、B三组。

其次，除了赛制看点本身，不断调整赛制也是通过变化给观众增加新鲜感的手段之一。如前所述，品牌是一种用户对于拥有品牌的企业或其商品的认知，是情感的链接与感受，软性的价值很难被模仿，尤其是电竞赛事这样并不具有实体的产品。不论是平台上播放的电竞赛事节目还是用户购买的现场观赛门票，其中都附加着电竞赛事的品牌价值。由于电竞赛事品牌的产品更多提供的是体验，其品牌管理与运营的难度进一步提高，品牌的口碑及用户对品牌的评价、感受变得极端重要。

奥运会更是以商业化打开了现代奥运会的大门，成为一场全世界不少国家参与的商业化体育盛事。多年前，电竞用户也常常将韩国国际电子营销公司主办，由三星与微软提供赞助的世界电子竞技大赛（World Cyber Games，WCG）称为"电子竞技的世界杯"。我国电竞观众津津乐道的李晓峰（ID：SKY）两连冠举起国旗也是在 WCG 的赛场上。但第三方赛事在第一方赛事联盟化的趋势下逐渐式微。品牌化可能是第三方赛事的唯一应对办法，但对于第三方赛事来说，品牌化也困难重重。

不少游戏版权方通过奖金数制约第三方赛事的无序发展，并且将游戏与职业联盟赛事在运营上高度绑定，通过联盟化与城市化完成第一方赛事的商业化与品牌化，已经初见成效并获得一定的商业回馈。

当有大型资本介入电子竞技职业联赛时，尤其是传统行业资本与大企业，他们更多期望的是长期的经营与收益，并在一定程度上将俱乐部与本身的品牌进行价值的深度绑定。例如苏宁、LG、三星、费城 76 人队纷纷在电竞领域发力。队伍升降级模式显然会提升投资风险，打击资本的信心。2017 年 4 月 30 日 LPL 宣布两大改革，分别是联盟化与主客场体制。

首先，取代降级制度的是联盟席位招标制。通过评审制度确定 2018 年后的永久席位拥有者，并自次级联赛——《英雄联盟》甲级职业联赛（LOL Secondary Pro League，LSPL）与城市争霸赛合并成的《英雄联盟》发展联赛（LOL Development League，LDL）中，决出晋级 LPL 的最后一张门票。其次，2018 年在三到五个城市开展 LPL 赛事，战队在主场城市迎战其他战队，此举目的在于分散赛事到更多的城市，扩大线下影响力，并通过主客场形式发展出不同的俱乐部电竞文化与城市电竞文化，也促进电竞地产的发展，赋予战队城市荣誉感，推进区域合作发展。随后，《英雄联盟》欧洲冠军联赛（League of Legends European Championship，LEC）、《英雄联盟》土耳其冠军联赛（Turkish Championship League，TCL）分别跨进联盟化时代，2020 年 11 月拳头官方宣布 LCK

也将进入联盟化。

《英雄联盟》职业联赛目前赛制与 NBA 的联赛席位制相似，各个赛区的联赛，如《英雄联盟》职业联赛、英雄联盟韩国冠军联赛，不设置降级机制。联赛中的战队席位为永久买断，并且可转让。

德国电竞俱乐部 Schalke 04 于 2021 年 6 月 29 日宣布向 Team BDS 俱乐部出售《英雄联盟》欧洲冠军联赛席位。电竞媒体 ESPM 报道称，Schalke 04 在此交易中的席位转让费用为 2 650 万欧元，以当日汇率计算约合人民币 2.227 亿元。

然而，反面的声音一直都有，不少电竞观众认为现在引入主客场制度过早，甚至有激进评价认为没有升降级制度会让电竞联赛变成养老院，认为固定的队伍会影响观赏性。不少电竞职业联盟也一直在通过改变赛制来促进竞争，保证赛事的可看性及相对的公平性。

《英雄联盟》的版权方拳头游戏表示："希望建立一个让粉丝和战队选手们建立持久的深层次联系的体系，并为战队提供一个更加稳定的联盟。同时联盟也将开放收入分成，联盟赞助、转播收入都将以一定比例分配给战队、选手和联盟。"

5.3.3 电竞俱乐部的品牌化

1. 电竞俱乐部的企业化

从商业模式与品牌运营的角度来看，不少入局电竞的传统企业都是多元化的，而运营电竞战队所创造的商业价值不仅仅是电竞俱乐部或者其品牌本身。2020 年年末，能兴集团收购 LPL 席位，其竞技领域布局由此可见一斑。能兴不仅拥有中国男子篮球职业联赛（Chinese Basketball Association，CBA）首支已完成新三板上市的俱乐部广州龙狮队，还拥有香港东方体育旗下足球与篮球队、法乙球队索肖俱乐部，并于 2018 年购买守望先锋联赛席位，建立广州冲锋队。在地产方面，能兴集团拥有广州天河体育馆的运营权以及作为 2019 年 LPL 春季赛决赛举办场地的佛山国际体育文化演艺中心的产权。能兴集团在相关披露文档中自述：一是加入电竞产业能放大能兴自有资源的协同效应，带动集团文体娱乐版块的发展；二是完善旗下的电竞产业矩阵，强化集团的电竞品牌，并最终打造属于岭南的独特电竞社区文化。

无独有偶，作为知名二次元媒体平台，视频网站哔哩哔哩也在竞技体育与电竞方面有所布局，成为 CBA 上海大鲨鱼篮球俱乐部 2016 年的冠名赞助商，收购《英雄联盟》战队 IMay，将其更名为 BLG（Bilibili Gaming），成立《守望先锋》战队杭州闪电队，并已融资 1.8 亿人民币，与之相应的商业动作还有 2019 年花费 8 亿元人民币拍得《英雄联盟》全球总决赛独家转播权。

能兴的电竞战队与电竞地产之间的资源协同、哔哩哔哩的媒体平台与电竞战队之间的资源共享，都展现了目前入局电竞领域的企业思维，品牌的关联、资源的协同都是企业所需要思考的内容。

电子竞技拥有与体育竞技非常接近的产业形态，两者的观赏性都为观众提供了娱乐价值。在不少电竞职业联盟赛事向类似 NBA、CBA 的联盟化逐渐靠拢时，不少传统竞技体育领域的企业开始入局电竞，或者说布局电竞。在不清楚用户接下来十年或二十年的娱乐倾向时，同时在两边下注就成为非常常见的抢占商业赛道的防御性投资模式。

除了俱乐部企业化本身，对于俱乐部权益售卖的标准化也逐渐向体育或互联网商业靠拢。JDG 京东电子竞技俱乐部就在普遍的战队合作商业权益的基础上，配合自身的电商资源打出了漂亮的组合牌，并结合场地发展出一系列深度商业化的电竞品牌商业权益合作模式。这对于不少还需要具体洽谈商业权益，甚至需要甲方列出权益想法的俱乐部来说，是商业运作模式上的碾压。

2. 电竞俱乐部的区位化

电子竞技赛事目前的形态正在逐渐向传统体育项目靠拢，这是目前大部分媒体对电竞赛事模式变化趋势的主流看法。在许多电竞职业赛事联盟化的基础上，电竞俱乐部正在打造主场城市文化，并且将电竞俱乐部的品牌与城市荣耀进行链接，这与足球、篮球的职业联盟赛事相似。

电子竞技的实体存在将会变得更加重要，中国涌现的电竞小镇与电竞主场城市所沉淀的巨额资金将激发电竞实体化的活力。

游戏媒体 Newzoo 曾针对电竞城市的收益展开预测：主要的电子竞技城市都将得益于旅游业，由于电子竞技受到年轻人的喜爱，电子竞技城市可以吸引更多的年轻人。上海也顺应时代的需求，在《上海市城市总体规划（2017—2035 年）》中明确提出：引领上海成为卓越的全球城市，建设令人向往的创新之城、人文之城和生态之城。建设"全球电竞之都"，恰当其时。

澎湃新闻发表于 2022 年 8 月的相关报道显示："上海是全国电竞运动最活跃的城市之一，80%的国内电竞公司在这里开设，40%的国内电竞赛事在这里举办，完整的产业链已经形成。2019 年的统计数据显示，上海拥有 A 股上市游戏公司 16 家，占据全国总数的 20%。'新三板'挂牌游戏企业 25 家，占据全国总数的 22%。消费方面来看，短短 10 年间，网络游戏用户整体规模从千万级飙升到亿级，上海作为经济中心城市，电竞消费领跑全国，网游销售收入超过全国总量的三成。政策方面，'上海文创 50 条'将动漫游戏业列为上海重点发展的产业，上海将规划建设承办国际顶级电竞赛事的专业场馆，支持国际顶级赛事落户，还把解决'海漂'人才的安居问题摆在重要位置。2018 年 11 月，上海电子竞技运动协会正式发布《上海市电子竞技运动员注册管理办法（试行）》，上海市内的电子竞技运动员拥有了合法的运动员身份。天时、地利、人和，为上海成为'全球电竞之都'创造了充分条件。"

5.4 电子竞技与体育竞技、泛娱乐的竞争与融合

如果将注意力放在观众与观众消费领域，电子竞技、体育竞技、泛娱乐其实是竞争的关系。当说到这个话题，电子竞技的悲观者会提出三大球的稳固地位，而乐观者则会提出三大球的纳新能力。对于体育竞

技、电子竞技、泛娱乐品牌来说，很多数据正在发生着变化。

如表5-3所示，以目前中国电竞用户中渗透率最高（达到59%）的《英雄联盟》赛事与传统体育用户中渗透率最高（达到63%）的NBA赛事做比较，可以看出电子竞技发展潜力巨大。电竞赛事与体育赛事在网民中的渗透率已基本持平，但电竞在游戏用户群体中还有大量未被开发的潜在市场。

表5-3 NBA与《英雄联盟》收视人数对比

时间	NBA总决赛	《英雄联盟》全球总决赛
2017年	场均收视人次2 038万	独立观众5 760万
2018年	收视人次TOP1为5 600万	独立观众9 960万，平均每分钟收视人数1 960万，同时观看人数峰值4 400万
2019年	腾讯体育直播观看人次7 010.9万	B站直播观看人次1.9亿，平均每分钟收视人数2 180万，同时观看人数峰值4 400万

5.4.1 围绕观众的竞争

品牌的竞争在某种程度上是对观众的争夺，在互联网环境下则是对于流量的争夺。观众的注意力有限、观看时间有限，品牌需要在有限的存量中对观众产生致命的吸引，占领用户的心智，才能将品牌价值提升到理想的水平。有一个现象非常值得注意，那就是不少体育俱乐部拥有者、企业在目前形势不明朗的情况下都选择多个赛道同时奔跑。

2016年，苏宁购入意大利甲级联赛豪门俱乐部国际米兰70%的股份，成为国际米兰第一大股东，同年进军LSPL。在同一年，两个赛道的不同布局也看出了苏宁两边下注的心态。一方面，观众选择的不确定性会在很长一段时间内促使企业与资本向体育与电子竞技两个赛道同时投资；另一方面，这也显示了企业在变革中对于新生事物的认知与部分信心。

5.4.2 数据形势的转化

电子竞技至今仍是小众、颇有争议的竞技类别。但疫情期间，电竞比赛却在短短一段时间内凭借其互联网特质与传统体育一较高下，并且在数据上发生小幅度的逆转。虽然有此逆转，但从表5-4可以看出，体育竞技就媒体版权转让价格来说，对比电子竞技还是具有压倒性优势的。

表5-4 各赛事版权转让价格对比

赛事	媒体版权标的	购买方	价格
NBA	中国独家转播权	腾讯体育	15亿美元（年均）
英格兰足球超级联赛	3年中国内地+澳门地区独家媒体版权	苏宁旗下PP体育	7.21亿元美元
《英雄联盟》全球总决赛	3年独家直播权	哔哩哔哩	8亿元人民币
《英雄联盟》职业联赛S档赛事	直播权	企鹅电竞	0.6亿元人民币
《守望先锋》联盟赛事	2年海外独家转播权	Twitch	0.9亿元人民币

在2020年之后的疫情环境下，不少体育竞技项目面临着一名选手感染，所有赛事停摆的状态。然而电子竞技可以转为线上举行，并不会导致赛事停摆与商业赞助的空悬。目前，线上流量形势正在逐渐发生逆转。2020年《王者荣耀》职业联赛春季赛观赛人数创下1 221万人的新高，而2021年CBA观看量峰值为1 265万人，其观众体量大致相当。

相较于传统体育，电竞品牌有其自身优点。电子竞技项目的赛制轮换安排几乎可以覆盖全年，持续曝光。以电竞赛事《英雄联盟》职业联赛为例，冬季转会结束后，以德玛西亚杯的杯赛作为开端，非LPL的队伍也可以参加此赛事，之后LPL春季赛，积分前八位的战队进入季后赛，季后赛以淘汰赛制决出冠军。春季赛冠军可以参加MSI季中赛，春季赛四强可以参加洲际赛。春季赛结束后可以转会，转会结束后开始夏季赛，夏季赛赛制与春季赛相同，夏季赛冠军战队与全年积分最高者有权参与全球总决赛，积分排名第3～5位的战队进行冒泡赛，冒泡赛冠军拿到最后一张全球总决赛门票。赛事相互渗透，时间几乎覆盖全年。

而传统体育项目赛事覆盖时间相对较短，例如中国男子篮球职业联赛大约覆盖半年时间，2020～2021赛季联赛时间为2020年10月中旬至2021年5月1日。

5.4.3 电竞与体育、泛娱乐的融合

1. 电竞入奥入亚

2020年4月29日，国际奥委会官网发布了一篇国际奥委会主席托马斯·巴赫（Thomas Bach）的公开信，信中对奥运延期费进行了回应："国际奥委会将继续分担东京奥运会延期带来的各种压力，以及产生的各项额外费用。"

巴赫在信中表示，"改变或被改变"这一《奥林匹克2020议程》设立时的座右铭，在当前的危急时刻比以往任何时候都更具现实意义，应进一步推动《奥林匹克2020议程》改革，特别是在可持续性方面。

巴赫坦言，在尊重奥林匹克价值观"红线"的同时，国际奥委会更加鼓励所有利益相关方更急切地"考虑如何管理他们的电子、虚拟形式的体育运动，探索与游戏出版商合作的机会"。一些单项组织已经创造性地组织起了远程比赛。我们应进一步加强这些举措，并鼓励我们的联合工作组应对这一新的挑战和机遇。

这是巴赫首次对电竞入奥态度发生转变。

关于电竞入奥，可谓困难重重。虽然国际奥委会屡次在公开会议上讨论电竞入奥的事宜，但电竞项目的虚拟暴力元素一直成为入奥的难题，这也是国际奥委会反对的原因。

2018年雅加达亚运会上，电子竞技作为表演项目首次登上大型综合体育舞台，《英雄联盟》、《实况足球2018》、《Arena of Valor》（《王者

荣耀》国际版)、《星际争霸2》、《炉石传说》和《皇室战争》六款游戏作为竞技项目亮相,一时间人们开始再次畅想电竞入奥的可能。

国际足联在2019年4月成功举办首届FIFA电竞世界杯。迂回的结合方式,例如从赛事组织形式上令电竞赛事成为与残奥会类似的平行赛事,或是像青奥会一样设置奥运电竞子品牌,也可能成为电竞入奥的尝试。

2019年,游戏巨头科乐美创建的实况足球职业联赛迎来了知名足球俱乐部拜仁与尤文图斯的加入,这个足球电竞联赛还吸引了曼联、阿森纳、巴塞罗那、沙尔克04、博阿维斯塔等多个顶级联赛中的知名俱乐部。而与科乐美互为竞争关系的美国艺电公司也曾与国际足联搭上线,相继推出电子英超、电子欧冠、电子世界杯等多项足球电竞赛事。大量的传统体育俱乐部开始进入电竞领域跨圈发展。

在传统体育势力大举参与电竞赛事时,在瑞士洛桑举行的第八届奥林匹克峰会上,大量国际体育组织积极讨论了奥运会在电竞领域的发展机会。在峰会提出的两方面参考路径中,第一方面便提到了以足球、篮球等传统体育运动为原型的模拟电竞项目。同时,峰会也鼓励国际体育组织积极参与这些体育类电竞项目的管理,加强与其背后游戏厂商的合作。

国际奥委会的这一举动不仅意味着奥运会对电竞行业改观,也再次为电竞赛事入奥提供了广阔的想象空间。

不论是以商业作为基础的电竞职业联盟的制度化,还是位于各国的电竞组织在电竞入奥入亚的历程中做出的努力,都离不开在此过程中各个主体对于电竞赛事裁判体系的构建。这些主体不断试图通过规则的制定获得在全球的话语权并进行制度化的建设,努力在电竞体育化与世界化的进程中成为规则的制定者。这种良性竞争也在为电竞的体育化做出贡献。梳理历史,并探索未来,电子竞技联盟(Electronic Sports League,ESL)、世界电子竞技锦标赛(International e-Sports Federation,IeSF)的赛事规则,亚洲电子体育联合会(Asian Electronic Sports Federation,AESF)的制度化探索及电竞赛事规则的文本探究,电竞制度化的历史、顶层架构及未来展望，为电竞体育化研究提供了相关的文本素材。

2. 电竞与流行文化

电子竞技是重要的数字娱乐手段，电子竞技的观赏价值决定了其在体育属性之外还有非常重要的文化属性与娱乐属性。电竞领域不断尝试向娱乐跨界，而娱乐业也不断尝试使用电竞元素进行新的创作。部分电竞项目的世界可以看作是"元世界"（metaworld）。这里就暂不称之为元宇宙（metaverse）了，在过去的几年间，这个词汇是一个能够让公众畅想未来但又很难彻底参与和理解的热词，关于元宇宙的概念甚嚣尘上，但电竞与娱乐的跨界，是通过实践早一步尝试了各种可能性。

以《堡垒之夜》为例，这款知名 FPS 游戏一直尝试在文化上进行跨界合作，例如在 2022 年的夏天就与《火影忍者》《七龙珠》两个知名 IP 进行了合作。《堡垒之夜》并非简单地进行一些皮肤与场景的合作，而是在游戏机制方面进行了深度创作。精彩的冲击波攻击画面吸引不少兼具《七龙珠》粉丝属性的用户在游戏内进行内容录制并二次创作，对《堡垒之夜》的品牌进行了二次传播。

与流行文化的碰撞给堡垒之夜提供了更多的品牌曝光度，也在一定程度上形成了新的文化现象。2020 年，特拉维斯·斯科特（Travis Scott）在《堡垒之夜》中举办了一场名为"Astronomical"的"沉浸式"大型演唱会，共吸引了超过 1 000 万名玩家前往观看。凭借《堡垒之夜》的影响力，演唱会结束之后，斯科特在网络上的搜索量提升了 26%，其热门歌曲的收听量上升了 50%，其当天演唱会上表演的新单曲 THE SCOTTS 直接登顶 Spotify 全球榜，打破了当年 Spotify 的单日最高播放记录。这种通过电子竞技项目为流行文化注入新活力的跨界合作不仅强化了电子竞技项目品牌本身，更为相关的娱乐演艺人员提供了新的流量入口。

而拳头游戏则以《英雄联盟》中四位女性英雄阿狸、伊芙琳、卡莎、阿卡丽为蓝本组建了《英雄联盟》第一个能够与真实场景进行互动的虚拟偶像组合 K/DA，至 2022 年已经走过 4 个年头，并且由该组合演唱的 *POP/STAR* 取得了冠军单曲成就。拳头较早的时候就已经尝试过在流行音乐领域进行拓展，2014 年就组建了虚拟重金属音乐风格五杀摇滚乐队（Pentakill），该乐队最早出现时间可以追溯到《惩与燃》数字专辑的发布，即 2014 年 6 月 3 日。

曾经，电子竞技文化，或称游戏文化，被大众认为是亚文化的一种，在电子竞技入亚的语境下，它正在从亚文化进化为流行文化。电竞品牌与流行文化品牌的联动是一种趋势，而创造自身的流行文化则是一种更加宏大的视角，也是一种创造与提升品牌底蕴的品牌打造方式。

5.5 学习任务：电竞体育化与娱乐化的市场调研

1. 任务目标

（1）通过调研，理解电竞品牌在体育化与娱乐化路径中所做出的改变。

（2）了解电竞机构、团体、赛事进行体育的目的、方式与执行方法。

（3）对资料、图文、访谈进行详细的搜集与整理，并按照逻辑呈现。

2. 任务背景

做一个关于电子竞技的体育化与娱乐化的市场调查，了解所在城市的主场、战队、俱乐部情况，并调查在联盟化与品牌化之后他们的发展情况。如果所在城市没有相关俱乐部，可以了解所在城市第三方赛事的品牌运营情况。

3. 任务步骤

（1）进行田野调查，前往战队、电竞俱乐部，或相关的第三方赛事品牌运营方或第一方赛事的运营方。有困难时可以向教师求助。

（2）将田野调查的资料制作成为相关的市场调查报告，并配合相关PPT，在课程的最后一个环节进行演讲。

5.6 练习与思考

1. "赛证融通"测试题

电子竞技与传统体育的共同点是（　　）。

A. 都是拼体力的项目　　　　B. 都是拼智力的项目

C. 都具公平、公开性　　　　D. 主流观众的年龄相同

答案：C

2. 课后思考

你认为在电子竞技体育化的路上最大的困难是什么？你认为电子竞技何时可能成为奥运项目？如果要入奥，电子竞技可能要在哪些方面做出妥协？

参考文献

[1] 郑佳. 品牌管理 [M]. 杭州：浙江大学出版社，2010.

[2] Business dictionary. Brand | Common Language Marketing Dictionary [EB/OL]. (2019-09-24) [2022-02-05]. http：//www.businessdictionary.com/definition/brand.html.

[3] 芭芭拉·卡恩. 沃顿商学院品牌课：凭借品牌影响力获得长期增长 [M]. 崔明香，王宇杰，译. 北京：中国青年出版社，2014.

[4] 鲍德里亚. 消费社会. [M]. 刘成富，全志钢，译. 3版. 南京：南京大学出版社，2008.

[5] 艾·里斯，杰克·特劳特. 定位：有史以来对美国营销影响最大的观念 [M]. 王恩冕，译. 北京：中国财政经济出版社，2002.

[6] 扬米·穆恩. 哈佛商学院最受欢迎的营销课 [M]. 王旭，译. 北京：中信集团出版社，2012.

[7] 佐藤可士和. 佐藤可士和的超整理术 [M]. 常纯敏，译. 南京：江苏美术出版社，2009.

[8] Wikipedia. 电子游戏 [EB/OL]. (2022-09-13) [2022-10-02]. https：//zh.wikipedia.org/wiki/%E7%94%B5%E5%AD%90%E6%B8%B8%E6%88%8F.

[9] 尼葛洛庞帝. 数字化生存 [M]. 胡泳，范海燕，译. 北京：电子工业出版社，2017.

[10] 戴焱淼. 电竞简史：从游戏到体育 [M]. 上海：上海人民出版社，2019.

[11] 澎湃新闻. 文创50条 | 电竞爱好者快去上海，这里在建全球电竞之都 [EB/OL]. (2017-12-15) [2021-02-03]. https：//baijiahao.baidu.com/s?id=1586861757255095899&wfr=spider&for=pc.

[12] 中国经济网. 从"泛娱乐"到"新文创"腾讯五大文创业务集中发布 [EB/OL]. (2018-04-23) [2022-02-05]. http：//www.ce.cn/culture/gd/201804/23/t20180423_28919777.shtml.

参考文献

[13] 腾讯新闻. 第二届互联网安全责任论坛举办 泛娱乐安全成关注焦点 [EB/OL]. (2016-11-24) [2022-02-05]. https：//news. qq. com/a/20161124/041606. htm.

[14] 半佛仙人.《王者荣耀》压根就不是游戏 [EB/OL]. (2020-11-04) [2021-02-04]. https：//www. bilibili. com/video/BV1xa4y1s7rx.

[15] 人民网研究院. 浅析 UGC、PGC 和 OGC [EB/OL]. (2014-01-20) [2020-12-26]. http：//yjy. people. com. cn/n/2014/0120/c245079-24169402. html.

[16] 腾讯体育. PDD 捐助希望小学揭牌, 骚猪传递电竞正能量 [EB/OL]. (2019-04-01) [2020-12-26]. https：//sports. qq. com/a/20190401/002781. htm.

[17] 百度百科. 刘谋 (PDD) [EB/OL]. [2020-12-26]. https：//baike. baidu. com/item/%E5%88%98%E8%B0%8B/8213027? fromtitle=PDD&fromid=7456115&fr=aladdin.

[18] 维基百科. 生态位 [EB/OL]. [2020-12-20]. https：//zh. wikipedia. org/wiki/%E7%94%9F%E6%80%81%E4%BD%8D#cite_note-Pocheville2015-1

[19] BRUNNER R, EMERY S, HALL R. Do you matter? How great design will make people love your company [M]. Upper Saddle River：FT Press, 2008.

[20] 电子竞技. ESI 每周要闻 ｜ Bilibili 拿下《英雄联盟》全球总决赛中国地区三年的独家直播版权 [EB/OL]. (2019-12-09) [2021-12-20]. https：//www. sohu. com/a/359399924_272501.

[21] 梁枢, 梁伟. 电子竞技国际研究热点与发展趋势的文献计量分析 [J]. 成都体育学院学报, 2019, 045 (002)：7-14.

[22] cpk 陈先生. 什么让体育产生? [EB/OL]. (2019-05-05) [2022-08-15]. https：//www. zhihu. com/question/301789785/answer/672986044.

参考文献

[23] 卢元镇. 体育社会学 [M]. 北京：高等教育出版社, 2010：202-203.

[24] Investopedia. How The NBA Makes Money [EB/OL]. [2022-07-09]. https：//www.investopedia.com/articles/personal-finance/071415/how-nba-makes-money.asp.

[25] Forbes. The Business Of Basketball 2021 Ranking [EB/OL]. [2022-07-09]. https：//www.forbes.com/nba-valuations/list/#tab：overall.

[26] 网游圈里的那些事. NBA高层接手《守望先锋》电竞 上个球星投资的战队已赚1300万美元 [EB/OL]. (2018-03-20) [2022-07-09]. https：//www.sohu.com/a/225879650_353276.

[27] 百度百科. 全国网吧电子竞技联赛 [EB/OL]. [2022-07-09]. https：//baike.baidu.com/item/%E5%85%A8%E5%9B%BD%E7%BD%91%E5%90%A7%E7%94%B5%E5%AD%90%E7%AB%9E%E6%8A%80%E8%81%94%E8%B5%9B/23474710?fr=aladdin.

[28] 微星中国. MSI官方赞助电竞队伍 [EB/OL]. [2022-07-09]. https：//cn.msi.com/Gaming-Team.

[29] 大电竞. 三方赛事谈创新 还需深耕品牌联动价值 [EB/OL]. (2020-07-14) [2022-07-14]. https：//baijiahao.baidu.com/s?id=1672171053392567983&wfr=spider&for=pc.

[30] 王者荣耀. 王者荣耀大众赛事将迎来全面升级 [EB/OL]. (2020-03-04) [2022-03-04]. https：//pvp.qq.com/m/m201606/newCont.shtml?newCont.shtml?G_Biz=18&tid=444990.

[31] ESPM. Oficial：Schalke 04 vende su plaza de LEC a Team BDS [EB/OL]. (2021-06-29) [2022-07-12]. https：//www.esportmaniacos.com/lol/schalke-04-lec-plaza-team-bds.

[32] 澎湃新闻. 上海凭什么成为"全球电竞之都" [EB/OL]. (2022-08-16) [2022-09-10]. https：//m.thepaper.cn/baijiahao_19461982.

参考文献

[33] 游戏青年. 2020KPL春季赛数据 观赛人数创下新高 [EB/OL]. (2022-03-20) [2022-08-16]. https：//www. sohu. com/a/381579176_554774.

[34] 网易新闻. 在这里，CBA全明星观看人数破千万 总播放近8千万 [EB/OL]. (2021-04-07) [2022-08-16]. https：//www. 163. com/sports/article/G70O0LJB00059ARU. html.

[35] 钱江晚报. 国际奥委会主席巴赫表示将探索电竞入奥可能性, 此前曾持反对态度 [EB/OL]. (2020-04-30) [2022-08-16]. https：//baijiahao. baidu. com/s? id=1665373711473477235&wfr=spider&for=pc.